行动研究与教师专业发展

——大学英语教师 ESP 方向

孔繁霞 著

东南大学出版社
·南京·

内 容 简 介

大学英语教师除了掌握必要的学科内容和教学技能之外，还必须拥有一种“扩展的专业特性”。这种扩展的专业特性是指教师要通过系统的自我研究，通过研究别的教师和课堂检验的相关理论，实现专业上的自我发展，即教师必须成为研究者。“在教学中研究，在研究中教学”，这种研究也被称为“行动研究”。本书全面分析了我国大学英语教师专业发展所面临的困境与挑战，提出大学英语教师应适时调整自己的专业发展，以 ESP 教师为方向，并以行动研究来实现自身的专业化发展。

图书在版编目(CIP)数据

行动研究与教师专业发展：大学英语教师 ESP 方向/孔繁霞著. —南京：东南大学出版社，2013.6

ISBN 978-7-5641-4075-5

Ⅰ.①行… Ⅱ.①孔… Ⅲ.①高等学校—英语—教师—师资培养—研究 Ⅳ.①G645.1

中国版本图书馆 CIP 数据核字(2012)第 320535 号

书　　名：行动研究与教师专业发展——大学英语教师 ESP 方向

著　　者：孔繁霞

责任编辑：宋华莉　　编辑邮箱：52145104@qq.com

出版发行：东南大学出版社

出 版 人：江建中

社　　址：南京市四牌楼 2 号　　邮　　编：210096

网　　址：http://www.seupress.com

印　　刷：江苏兴化印刷有限责任公司

开　　本：700 mm×1000 mm　1/16　印张：14.25　字数：218

版　　次：2013 年 6 月第 1 版　2013 年 6 月第 1 次印刷

书　　号：ISBN 978-7-5641-4075-5

定　　价：36.00 元

经　　销：全国各地新华书店

发行热线：025-83790519　83791830

前　　言

教师要实现专业化，除了掌握必要的学科内容和教学技能之外，还必须拥有一种“扩展的专业特性”。这种扩展的专业特性是指教师要通过系统的自我研究，通过研究其他教师，通过课堂检验相关理论，实现专业上的自我发展。简单地说，即教师必须成为研究者，而教师要成为研究者，这与理论研究者又是有区别的，因为教师所进行的研究是一种特定的“教学研究”，是对教师自身的教学行为进行思考和探究，即“在教学中研究，在研究中教学”，这种研究因此也被称为“行动研究”。行动研究就是在解决问题的过程中，研究者和教师共同参与研究和工作，它为研究者与教师的结合提供了接触点。所以，行动研究以相互参与、共同研究的方式，在研究者与教师之间架起了桥梁。教师需要理论、实践和学术研究，并持续专业化的发展，才能成为有效的教师，而教师所发起的行动研究，可满足这些要求。

本书共分为七章，第一章是关于行动研究的概述：涉及行动研究的概念与发展历史、原则、方法和范围，并就行动研究与传统研究的不同进行了论述。第二章着重对我国大学英语课程问题进行了分析，就我国大学英语课程现状、教学改革的历程回顾、大学英语教学改革的必要性、ESP 成为大学英语课程改革的热点及我国大学 ESP 的教学及师资状况进行了阐述与分析。第三章就大学英语教师为什么要进行行动研究阐明了原因，主要就现阶段我国高等教育英语教师现状进行了分析讨论，针对大学英语 ESP 课程的需求，引申出大学英语教师专业发展教育的问题，合理提出大学英语教师转型为 ESP 教师进行行动研究的优势，指出 ESP 教师所面临的挑战并给出了相关建议。第四章的重点是行动研究的设计与研究方法问题，阐述了行动研究的不同操作程序等方法，并在理论的基础上给出了更为详细的研究策略，特别是如何在行动中进行研究工作，就具体的方法、数据分析和撰写研究报告给予了详尽的介绍。第五章论述了行动研究与 ESP 教师专业发展问题，主要焦点是当前大学英语教师专业发展的方向与方法。就 ESP 教师知识结构的特点进行了分析阐述，从更广阔的视野去研究教师的发展，倡导教师队伍的整体发展，ESP 教师教学共同体的创设，以及 ESP 教师培训体系的完善。第六章着重于 ESP 教师行动研究的实践与创新，就 ESP 教师的需求和挑战以及课堂创新观点进行了论述，并讨论了如何建立 ESP 教师行动研究工作坊，让教师充分参与及进行行动研究。给出了两个案例研究，教师可通过案例进行反思性教学，反思行动研究过程中的不足。第七章总结了行动研究对教师发展的意义，以及行动研究现阶段的局限性，提出了若干建议，用行动研究的方法提升自己，自动实现大学英语教学中的教师教育。使大学英语教师充分意识到教师的职责，认识到自己的困境，并以 ESP 教师专业发展为导向，开展行动研究实现教师个人的专业化发展。

孔繁霞

2013 年 5 月

目　　录

第一章

行动研究概述

第一节 行动研究的概念与发展历史

行动研究(Action Research)一词最早始于美国,20 世纪 40 年代由美国著名社会学家 Kurt Lewin(科特·勒温)在《行动研究和少数民族问题》(*Action Research and Minority Problems*)一书中首次提出。虽说行动研究在其他方面早就开始了,但一般则认为以 Lewin 的工作为行动研究的起点。Lewin 在自己的研究工作中与犹太人和黑人进行合作,让他们均以研究者的身份参与到研究中,积极地对自己的境遇进行反思,以改变所处的现状。Lewin 将这种性质的研究称之为"行动研究",并对"行动研究"的功能及操作模式进行了界定,强调行动与研究之间的密切关系。Lewin 注重将行动研究作为社会科学研究的一种途径并加以系统化、理论化,突出行动研究的参与性、民主性以及对社会科学、社会发展所起的重要意义。Lewin 的工作不仅仅只是在教育背景下的研究,他的思想后来还发展并应用到相关企业与社会关系的研究之中。在 19 世纪和 20 世纪初的教育运动科学时期;人种学这一新的方法被广为接受;进步主义教育运动,特别是 Dewey(杜威)和 Stephen M. Corey(斯蒂芬·柯瑞)等人进行实践的思潮,社会心理学与人类关系进一步融和,行动研究的研究和宣传阵地也被开拓出来。

行动研究最初主要用于社会学、心理学、人类学和部分工业领域的研究，随着行动研究的深入开展，渐渐被其他社会各个领域所采用。在教育领域，“行动研究”这一概念的使用大约出现于 20 世纪 50 年代，即第二次认知革命的开始，当时方兴未艾的美国进步教育运动对教师在实践中研究自己的问题起了巨大的推动作用。行动研究倡导研究调查的重点应从外部去研究人的行为，并试图了解其潜在的原因和行为意图，针对所遇到的问题，做出正确的判断并采取相应的行动。1953 年，Stephen M. Corey 出版了《以行动研究改进学校实践》(*Action Research to Improve School Practices*)一书，将行动研究引入教育领域，且在当时极具影响力。从此，教育领域开始越来越倾向于用“行动研究”来进行教学、教师发展、课程建设等一系列教育问题的研究。Corey 不仅将行动研究引入行动管理、课程、教学等各个方面，而且详细介绍了行动研究的理论基础、特点、实施原则和程序。他认为行动研究更易于促进教育实践的改进，教师应成为教学实践的研究者，而不只是作为研究人员的被试者。然而，在这本书产生了最初的热情后，行动研究在美国盛行了一段时间后，由于文化、政治和经济变革等诸多因素的影响，特别是在 50 年代末，由前苏联人造卫星上天而触发的美国那场举世瞩目的教育改革，使美国的行动研究运动遭受了重大挫折。为此，行动研究的浪潮开始失去势头，渐渐降温了；取而代之的是“后 Sputnik(Sputnik 是前苏联于 1957 年 10 月 4 日发射的人类第一颗人造卫星)研究、发展和传播模式”，这一模式在 20 世纪 60 年代的美国和英国受到了广泛的青睐，它强调研究和实践的分离，是一种大规模开展个性化、小规模进行科学研究的方法。

20 世纪 60 年代后期，在教师教育的发展研究方面，行动研究成为一种新的动力，特别有影响力的是美国的 J. J. Schwab(1969)提出“语言是一门实践课程，注意力应转向本土化的实践研究”。他倡导实践是教育和社会变革的一种形式，应以行动研究来推动教育向前发展。

自 20 世纪 60 年代中期开始，英国中、小学掀起了由教师发起的旨在解决课堂和学校实际问题的教育改革运动，被称为“教师即研究者”运动。Lawrence Stenhouse(劳伦斯·斯腾豪斯)是这场以课程为重点的教育改革运动的主要代表人物和最有影响的人物。Stenhouse 的研究工作与教育的相关性是十分明确的,他主持了人文课程项目的研究,在他看来,行动研究主要是通过这几方面而产生影响的:① 教师应当承担起研究者的角色,教师不仅具有研究的权力,而且也具有研究的条件;② 课程应该由学校进行组织与实施,并应与学生的经验是有意义的和相关的;③ 应鼓励学生要对自己的学习负责。在他的推动下,“教师即研究者”的观点在国际教师教育领域产生了极为广泛的影响,为此,Stenhouse 的思想在美国很快被应用于教育领域。这也使人们越来越深刻地认识到任何课程的改革,其最终结果在很大程度上取决于教师的态度和参与水平。从 70 年代,行动研究在英国开始盛行,并得到了快速发展,到 80 年代,行动研究在许多专业背景下产生了重大的影响,特别是在教师的专业教育发展方面得以进一步研究与推进。

Stenhouse 人文课程中的另一位核心人物——J. Elliott(约翰·埃利奥特)也于 1972 至 1975 年设计并指导实施了“福特教学计划”(Ford Teaching Project)。这个计划与 Stenhouse 的人文课程计划一样具有重要的意义,现被公认为是对国际行动研究运动产生了重大影响的教学改革计划之一。

Elliott 将 Stenhouse“教师即研究者”的思想进一步发展,提出了“教师即行动研究者”的思想,指出教师只有从自己的教学实践中提出问题、解决问题才能获得专业的自主和发展。他的这一思想影响至今,在各国教师教育发展中起着主导作用。继 Elliott 之后,澳大利亚著名教育家 Kemmis(凯米斯)则把行动研究定位于一场大范围的协同课程计划上,他提出了教师即“解放的行动研究者”的思想理念,进一步突出了教师专业的自主性、创造性和批判性。他主张行动研究应由教师研究共同体通过自我反思来进行,推崇教师的集体行动研究。从 Stenhouse 的“教师即研究者”到 Elliott“教师即行动研究者”,再到

Kemmis 的教师即“解放的行动研究者”，反映了行动研究的发展轨迹和人们对行动研究认识水平的一个深化过程。这三个重要的发展阶段构成了行动研究最有影响力的模式概述，向我们展示了如何将这些模式以不同形式的理论来描述和解释行动研究的过程。作为教师，如果我们熟悉教育行动研究中的这些关键思路和术语的使用，这对教学研究工作是很有帮助的。

除了 Stenhouse、Elliott 和 Kemmis 外，行动研究的主要理论家对教育行动研究运动的发展也起了积极的推动作用，主要人物还有 J. Schwab（施瓦布）、J. Atkin（爱特金）、R. Stake（斯泰克）、D. Tanner & L. Tanner（两位特纳）、M. Skilbeck（斯基尔贝克）、W. Carr（卡尔）等。许多研究者继续产生语言或可视化的模型来传达他们的思想，进行探究教育行动研究。其中 Carr 和 Kemmis 将行动研究定义为：通过参与社会实践进行自我反思的一种探究形式，目的是为了提高实践方法的合理性与公正性，从而更深入地理解实践，并对实践加以实施。他们曾就行动研究做过较为全面的分析，主要有下列七个方面：

（1）来自教师内部的教师职业专业化不断增长的要求，要求教师承担研究者的角色，对自身的实践进行研究。

（2）许多当代的教育研究与实践者所关心的议题缺少可察觉的相关性，即教育理论与教育实践相脱离。

（3）强调“实践性思考”，加强课程中的实践因素环节的考虑。

（4）行动研究方法在教育研究和评估中强调参与者的观点和在教育实践中的作用。

（5）行动研究对实践者的影响，实践者将自我监督作为判明实践的正确方法。

（6）在七八十年代教育发展中，专业教学表现出不断增长的合作性，并促进了网络组织的形成。

（7）广大教师对教育教学工作反省意识的不断增强，行动研究被视为是通过自我反省和批判来改进实践的有效途径、是提高教师理解力的过程。

20 世纪 90 年代以来,行动研究得以进一步发展与深化,美国学者 J. Mckernan(麦克纳)的"课程行动研究"(Curriculum Action Research)得到了广泛的传播,他编写的《课程行动研究》一书在 90 年代被多次再版。Mckernan(1996)认为:行动研究的发展是随着当代教育和社会科学的发展而发展。

究竟什么是行动研究?在文献中可以发现许多对行动研究的定义。多年来,对于行动研究有着不同的模式和阐述,不同的观点间产生了激烈的辩论,其中最为广泛被引证的定义是"提高实践"。英国 McNiff(1993)指出:适当的教育和学习的理论支持,批判是一种学习的理论主导,是作为个人和社会重建的力量。在行动研究中,研究对象不是抽象的,而是现实世界中的;是作为人类的一种客观现象,理论形式是用来描述和解释行动研究过程中我们观察到的问题和调查生活中的事物。

行动研究通常被称为是实践者的行动研究,因为,研究使实践者在工作中发现自己所遇到的问题,可以想出一个切实可行的解决问题的方案,涉及实践者的思考和反映人们的工作,是一种自我反思的实践过程。Kemmis 借鉴了 J. Habermas(哈贝马斯)关于"知识构建"(knowledge-constructive)的分类方法,把行动研究分为"技术性行动研究"(technical action research)、"实践性行动研究"(practical action research)和"解放性行动研究"(emancipatory action research)三种。技术性行动研究是按照研究者提供的一般技术程序来对教师的行动进行研究。它是一种通过外力对行动的研究,研究者处于研究的中心,教师通过研究者提出的理念或假设,而不是通过对自己实践的理解、反思来认识实践的合理性,教师处于被动地位,教师在这种研究中与研究者不是真正的合作。确切地说,这种技术性行动研究应是"研究者的行动",而非教师的行动研究。在实践性行动研究中,研究者与教师已由技术性行动研究的实施的关系变成了合作的伙伴关系。研究者帮助教师进行表述，形成自己的问题，拟定不断变化的行动计划，控制变化的问题，反思实际上已达到的结果和价值。教师与研究者一起工作，在这种行动研究中，是“研究者辅导教师”进行教育研究，研究者的角色是为教师提供一种探索途径。教师通过这种途径，反思自身的研究。在“解放性行动研究”中，教师在研究中担任双重角色——研究者和实践者，并且研究者的角色更为重要。解放性行动研究才是一种真正的行动研究。Kemmis 认为“解放性行动研究”提供了检验和改进实践教学的方法，将教学实践置于系统的理论知识和研究基础之上，这有助于发展教师的批判性自我反思意识，从而拓展教师的专业自主性。

大多数人都承认行动研究的教育本质，有些人认为在技术方面的问题采用行动研究的方法有诸多优点。有人感兴趣于行动研究的价值观，如信念，人们应该控制他们的工作和他们进行这项工作的方式，并研究如何导致正确的生活价值观。没有一个“正确”的方式能确定自己是对的，或形成自己的看法。然而，要做到这一点，教师需要做一些行动研究，行动研究出现的“意义”就是我们为自己做研究，并解释我们在做什么，我们为什么这样做。因此，行动研究也被称为参与研究（participatory research）、合作探索（collaborative inquiry）和解放研究（emancipatory research）。

现在，行动研究影响着世界各地，并在世界范围内涉及几乎所有的个人和专业学习的领域。它倡导人们为了能够对自己所从事的社会或教育工作，以及在工作过程中和工作环境下进行理性的认识和正确的评价，并对工作实践进行一种自我反思的过程。这是一个发现问题、了解问题、制订解决问题方案以及实施策略、撰写报告和启动新一轮研究的过程，其本质特征是在“做中学”。行动研究旨在解决许多人所遇到的一般性的问题，通过行动研究可以帮助人们提高学习和改进生活质量。

Lomax（洛马克斯，1999）等人指出，行动研究是“作为研究过程的一部分,承诺采取行动,以便改进相关的实践与措施”。他把这种“承诺”视为“道德”的一部分,关注一定的“价值观”,并力争达到“可接受的成果”。Nunan(努南,1990)认为,行动研究是“实践者进行自我反思的一种形式,旨在调查和解决问题,改进做法或增进了解和合作”。行动研究的目的是解决问题,提高实践,同时使人们提高对事物的认识。近些年来,行动研究在我国高等院校开始得以重点发展,特别是对教师教育形成了专业教育的主要途径。人们开始学习行动研究的基本原则、研究步骤,了解行动研究的做法,关注和尊重他人的调查。根据行动研究结果,人们可以阐明评估项目的可行性研究,提出改进教师专业发展活动的实施方案,最终达到教师持续专业发展的长远目标。当今行动研究不仅用于教师的专业教育,而且在教育管理和组织研究、社会工作和其他专业背景等均有所研究。

行动研究是被越来越多地从业人员采用的一种方法,这种方法能够监督人们的生活和环境。在国内,行动研究最初由北京师范大学王蔷教授进行研究并且取得了显著成果,其专著《英语教师行动研究——从理论到实践》的出版不但从理论上阐述了行动研究对英语教师发展的重要指导意义,而且从实践的角度介绍了教师如何在自己的课堂上开展行动研究。目前,在我国的教育教学和教师教育改革中,行动研究已经成为一个备受关注的课题,正逐步成为实现教师专业化发展的重要途径之一,我国广大教育工作者也逐渐地理解和接受并践行这一理论,尤其是对现阶段大学英语教师的发展方向产生了一定的影响。

另外,行动研究的倡议对在职教师研究教学具有巨大的吸引力,新形势背景下教师的教学问题,如何促进 ESP(专门用途英语,English for Specific Purpose,简称 ESP)教师参与行动研究以促进教师的专业发展是摆在我们面前的大问题,笔者建议通过教师的行动研究,以解决 ESP 教师专业发展问题,将行动研究引入课堂创新,在真实的情境教学中,通过行动研究质疑实践者自身在行动中存在的问题,从而获得问题解决的方案。我国学者普遍认同:行动研究是一种以教育实践工作者为主体进行的研究,以自己在实践中所发现的问题来进一步改进教育实践。Calhoun E. F.(卡尔霍恩)提出了“行动研究循环”方法,具体包括选择一个领域或感兴趣的问题,收集数据,组织数据,分析和解释数据并采取行动(图 1-1)。

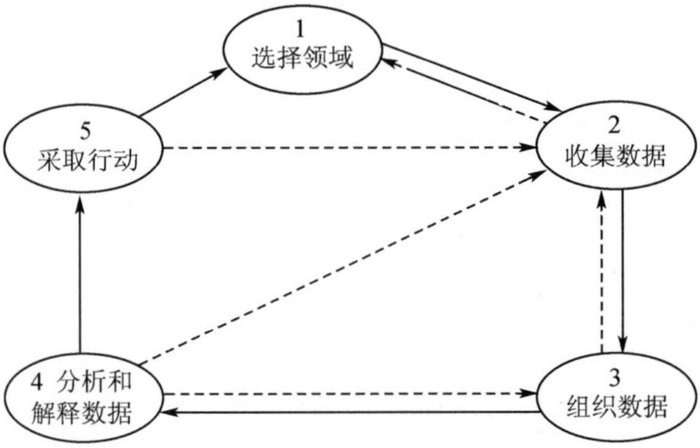

图 1-1 行动研究循环

图片来源:[美]杰夫·米尔斯. 教师行动研究指南[M]. 3 版. 王本陆,潘新民,等,译. 重庆:重庆大学出版社,2010:19.

我们应该知道,行动研究有着不同的方法,但它是一种真正的科学探究的方法。尽管诸种定义表述各异,常常发生分歧,但有关行动研究所强调的精神却是一致的,即强调行动研究的重点是:如何做?谁来做?为什么?可能的结果是什么?同时,行动研究者则一致认为,行动研究是基于一定的原则的,是以解决现实中的具体问题为目标。

第二节 行动研究的原则

行动研究最基本的原则首先是解决问题的过程,而行动研究的过程则需要我们调查问题，收集数据，并将数据变为证据，从而寻求实践成功的方向。其二，行动研究以这些思想为准则：真理、社会正义、富有同情心的生活方式、尊重多元化的形式。行动研究旨在了解这些问题，改变目前与人们的价值观格格不入的现实问题，创造一个良好的秩序，并通过学习、实践、反思和学习经验之间的辩证过程中的相互作用了解工作的思路、学习，并在变化中寻求工作的目的和结果。在工作中了解我们是谁，以及如何一起创造一个良好的工作环境。

行动研究的基本原则还包括一个棘手的问题，即"谁可以做行动研究？怎么做？"当你不知道如何做的时候，应通过系统的方式去发现可以解决问题的方法，只有通过尝试了新的策略你才可获得成功的机会。

行动研究是实现自己的价值观的有效途径，研究的对象不是抽象的目标，而是具体的。其实我们大多数人在我们生活的许多方面做了一种非正式的行动研究，在许多工作场所背景下，我们可以想象一个可能的解决方案，并进行尝试，评价其是否有效？然后根据评价进一步改进实践。例如，在职的专业学习就是进行非正式的行动研究的一部分。我们知道我们是在做什么，可以说，我们其实就在做行动研究。现在，许多工作场所鼓励从业人员进行正式的行动研究来作为他们专业学习的一部分。

在进行行动研究时，行动研究者相信什么？行动研究者认为，人能够创造自己的价值，并可影响和提高周围人的研究意识。试图找到可包容多个价值观点的方式，找到其潜在的分歧，达到共同工作与生活的方式。而共同工作与生活需要人们辛勤的工作和付出相当大的努力，这样才能了解对方的观点，认识和改变自己对他人的偏见，发现他人的发展潜能。通常人们可具体遵照以下原则进行行动研究：

一、问题性与可行性原则

以问题作为行动研究的调查对象，通过反思和实践来认识问题的重要性，在实践中形成自己的思想和创建自己的价值，并认识到与合作者的关系。任何研究都必须要注意研究者的主客观条件，行动研究不仅能够改善参与者的观念和工作条件，而且研究方式也必须与周围的人们的观念和工作条件相适应。

在某种意义上说，作为行动研究，始终记住这一点是很重要的。有时行动研究从“我现在这样做”独立的调查开始，从这个角度来看，行动研究可以成为一个抽象的学科，可以运用到实践中，可以是人们生活的过程。行动研究重要的是始终定位在现实生活中，以人们在现实生活中的经验来讨论所要研究的问题，行动研究的“意义”就是与人们的生活联系在一起。

行动研究是自我学习研究的特定方式与方法，是一个切实可行的办法；我们可以检查对自己所做的是否应该做？做的是否令人满意？并对其进行解释为什么这样做，最好能有足够的证据来支持自己的做法。在某种程度上，通过进一步的实践改进和完善自己所做的事情。

二、实践性与应用性原则

行动研究从开始到最后结束一般没有一个固定的假设。它经常是以一个观点开始，在我们的研究发展过程中，不断地注意行动研究的实践过程，并检查其是否达到我们所预期的目标。提倡教师在教学实践中发现问题、研究问题、解决问题，要以改进实践、改进对实践的认识为研究的出发点和归宿。课题成果要经过教师的教育教学实践和学生的学习实践的检验。通过自我反思来验证自己的想法，其实，行动研究也是一种自我评价的过程，是教师指导和自我评估专业背景下如何以行动研究的方式进行教学实践的过程。

教师进行行动研究，通常也被称为参与者研究，这是一个研究的形式，在任何情况下可由教师自己采取行动研究。它涉及教师仔细思考正在“做什么？”所以它也可以被称为一种自我反思的实践。即研究自己的实践，其目的是逐步从经验中学习、探索。

行动研究在实践中具有循环的性质，可能涉及一个或多个周期。针对循环的不同阶段，Nunan(1992)建议应遵循七个步骤：(1) 启动，

(2) 初步调查,(3) 假设,(4) 干预,(5) 评价,(6) 结果,(7) 发现规律。这是教师行动研究的基本途径之一,教师研究成果的价值大小关键看是否具有推广和应用价值,主要看是否解决了实际问题,是否改进了教育教学现状,是否提高了教学质量,是否有利于学习者的学习、实践与创造。

三、主动性与合作性原则

不论是独立研究还是与专家合作,教师自己都必须意识到行动研究的必要性,研究动力必须来自教师自己。这就要求:所有参与研究的教师必须完成角色转换,要静得下心、沉得住气、耐得住寂寞、经得起挫折。教育行动研究允许失败,但不允许感情代替理智、主观代替客观、臆断代替事实。行动研究属于"合作模式"和"支持模式",参与各方相互尊重和平等合作就非常重要。行动研究大力提倡友情合作、淡泊名利,争鸣不争锋,辩论不辩解,批评不批判。

主动地自我反思是行动研究的方法与中心。在传统形式的研究方法中,研究者是对其他人进行研究,是调查其他人的生活和收集其他人的相关数据;而行动研究中,研究者是对自己进行研究,是调查自己实践的一个过程,与其他人或同事是合作者的关系,谁是谁非并不重要,重要的是研究者在行动研究过程中始终保持合作与相互支持。

四、动态性与科学性原则

所有教育科研的前提是要具有科学性,但是教育科学的本质是经验科学,要注意经验与科学的对立统一,并加强操作程序各个环节间信息的及时反馈。用系统论的观点来分析,行动研究属于负反馈类型。只有缩短信息反馈的过程,系统才能及时依靠反馈信息,修正或调整由于干扰所引起的偏差。

在行动中研究教育科学是一个复杂、多变的动态性工作过程,它是教师的基本工作,因此,教师要经常对行动过程中的问题进行反思,要在日常的学校生活和真实的课堂教学环境中边行动边研究。一些专业研究者也会参与教师研究的问题，他们能发现研究过程出现的一些新问题，这样教师就可以在专业研究者的指导下随时调整计划、完善行动，使教育教学工作过程成为一个研究过程；查看自己的实践，作为一个解决问题的研究过程，阐明我们所做的是否与我们自己的目标和意图相符，是否能够达到预期的目标。因此，在此研究背景下，通过教育发展为良好的社会秩序做出贡献，使研究过程成为一个理智的工作过程，达到研究和行动的完美结合。

从早期的行动研究活动来看，当时行动研究的倡导者很重视使用"科学的方法"来解决实际的问题。对 Lewin 来说，行动研究除了"民主"的意义，还意味着一种"科学研究方法"，它是用"科学研究方法"来解决社会问题、改善人际关系。Lewin 自己本人也被称为"实验主义者"。Lewin 将行动研究的过程描述为"计划—行动—观察—反思—再计划……"被认为具有"实证主义"的痕迹。也就是说，由 Lewin 开始的早期行动研究既追求民主发展又重视科学方法，早期的行动研究也因此被称为"科学的行动研究"。

Lewin 之后，行动研究领域对"科学方法"一直有着不同的意见。甚至有人对"科学方法"不以为然，拒绝使用数字统计等定量研究的语言，但是"科学方法"在行动研究中一直若隐若现，以不同的方式被传承了下来。

因此，在讨论有关行动研究的原则问题时，McNiff(1996)等指出：行动研究的重要环节是"实践"，对许多教师与研究者来说，"理论"可能有着一定的意义，但重要的是"原则"。教师与研究人员应以原则来确定研究的总体目标和策略，以及"做什么?""如何做?"、"为什么这样做?"我们如何看待自己(本体论)，我们如何了解做的问题(认识论)，我们如何做事情的(方法论)，和我们希望实现什么样的社会意图和目标，这些方面总是与行动研究的原则相互关联的。

第三节
行动研究的主要特点

关于行动研究的特点，不同的学者给出了不同的观点。Carr 和 Kemmis(1986)描述为“参与”和“民主”，他们的观点认为，“行动研究可同时对社会科学和社会变化带来贡献”。Nunan(1992)认为在行动研究中有着更广泛的合作意向，合作是“最为理想”的。根据英国行动研究专家 McNiff(1993)分析，行动研究主要呈现以下特点：

(1) 是实践者的行动；

(2) 是工作场所的导向；

(3) 是寻求提高的行动；

(4) 是以特定情况为出发点；

(5) 采用灵活的试验和改进的方法；

(6) 接受没有最终的答案；

(7) 通过严格公正的过程加以验证。

再者，根据 McNiff(2001)的研究认为，行动研究主要还有以下特点：

(1) 行动研究随情境而异，旨在特定的情境下诊断并解决问题；

(2) 集体合作的研究，研究小组和实际工作人员共同进行研究；

(3) 研究成员在进行研究时，直接或间接地参与；

(4) 在研究过程中不断地自我评鉴，修正方案，最后目的是改进实际问题。

因此，行动研究的最大特点是在自然条件下进行实践研究，优点是使日常工作、改革、科研同步运作，教师可以自行操作，并对实践进行不断地反思，通过“计划—行动—观察—反思”四个步骤进行(图 1－2)。

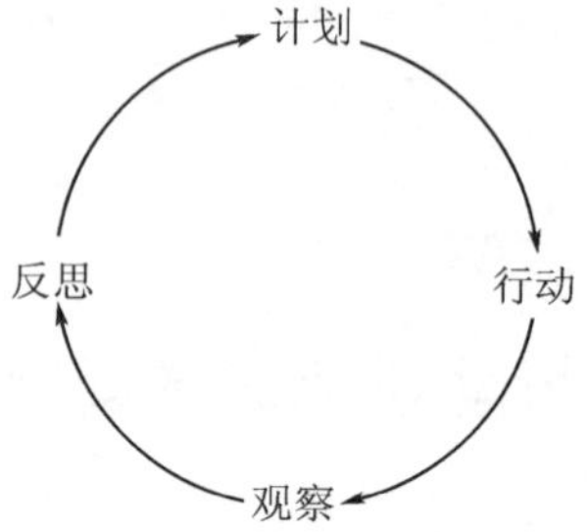

图 1－2　行动研究基本过程特点

图片来源：王蔷. 英语教师行动研究[M]. 北京：外语教学与研究出版社，2002：37.

前两步是具体的实践阶段，与正常的工作任务一致，后两步则是反思阶段，对实践的结果进行观测，看任务完成得如何，然后寻找其原因，制定出对策，以便指导下一阶段的实践。

1995 年，英国东盎格利亚大学教育应用研究中心就行动研究方法所做的调查显示，在行动研究领域有三份关键性的文献：一是 Stenhouse 的《课程开发与研究导论》，二是 Elliott 的《指向学校变革的行动研究》，三是 Carr 和 Kemmis 合著的《走向批判——教育、知识与行动研究》。在这三份文献中，教育行动研究显示为三个主要特征：一是"参与"，二是"改进"，三是"系统"而"公开"。不同的行动研究者可能对行动研究提出不同的定义，但基本上都只是在以上三个特征上作出自己的解释和理解。所以，在追究"什么是行动研究？"时，不能简单地将行动研究理解为前文所提到的特点；真实的行动研究的特点同时还必须具备参与、改进、系统公开三个特征，即"教师研究"（参与）、"实地研究"（改进）和"科学研究"（系统方法）。

一、参与

"参与"即行动者参与研究。由于大量的教育行动研究显示为教师参与研究，教育界也一度流行"教师成为研究者"。Kemmis 明确以"参与"（involvement）这一概念来表达"教师成为研究者"的理念，他将行动研究的"核心目的"归结为"改进"和"参与"；其中"参与"强调的是教师参与整个研究的全过程，即在"计划—行动—观察—反思"的每一个阶段都应有来自教师的声音。

教师“参与”研究作为行动研究的首要特征，就是教师从教学的实际工作需要中去寻找课题，并在实际工作过程中进行研究；由教师与研究者共同参与，凸显了行动研究所鼓励的“教师成为研究者”以及教师成为“反思性实践者”的特性。使研究成果为实际工作者理解、掌握和应用，从而达到解决实际问题、改变社会行为的目的。它是通过实践来使教师自己和别人的想法与理论得以检验和理论化的过程。

使用行动研究的主要理由是在改进学校的实际问题，为达到这个目的，首先要改变教师的态度和行为；而改变教师的态度和行为的最好手段是来自个人参与团体的合作。同一学校的教师面临共同的问题，多数或全部教师参与共同研究，行动研究便成为合作性的研究，促进团体间的交互作用。行动研究是建立在一定理论假设的基础上的，那就是：教师与管理人员能够在最大限度上解决他们自己发现的问题；教师和管理人员能够通过合作，相互帮助；教师和管理人员一起进行研究能促进彼此的专业发展。由于与理论和实践的关系密切，行动研究被许多人认为是联系理论和实践的最佳研究方法，是理论联系实际的桥梁。

行动研究方法是真正意义上的合作关系，从业者和支持者都认识到，在责任和专业知识间可能存在差异，但在价值观上没有差异，人们都是平等的参与者，是通过挑战和行动来改进自身的工作，并使同事间相互地批评与支持。这是一个平等的具有创造性的对话，双方都会以最佳的方式向前迈进，这种模式特别是对于教师的专业发展产生了深远的影响。

二、改进

行动研究以改进教育教学实践为首要目标，行动研究务求解决教育中的实际问题，根本目的在于某个人或某个团体的实践与改进。在早期 Lewin 和 Corey 时代的行动研究探索中，行动研究被视为通向“民主”的途径，尤其重视改善人际关系中的不平等、偏见等问题。行动研究被引入教育领域之后主要是用来改进学校的课程与教学实践，Corey(1953)称之为“改进学校实践”的研究。为彰显行动研究的“改进”作用，Corey 将有关行动研究的思考直接命题为《以行动研究改进学校实践》。后来 Elliott 发表了《指向学校变革的行动研究》以及 Schwab 发表了《指向变革的实践性行动研究》等，他们的论著与 Corey 的主题遥相呼应。

行动研究把解决实践问题放在第一位，自从 Kemmis(1985)将行动研究的目的归结为“改进”(improvement)与“参与”之后，“改进”开始再度获得更丰富的含义，比如“改进”越来越多地蕴涵了“批判”的意味。在 Kemmis 和 Elliott 等人看来，“改进”虽然也意味着改进教师的教学“行为”，但更意味着“改变”教师对行为以及相关“制度”的“理解”。教师对“制度”的理解和改变意味着需要教师将以往的教育观念中的一切信条、建议、指导、警告、规范、制度、体系等“用括号括起来”，使其处于一种“待疑”状态，使之进入批判性思考的范围。对教师“观念”进行批判性反思的结果将导致教师的行动研究走向“批判的行动研究”(critical action research)。“批判的行动研究”尽管被认为是行动研究在 20 世纪 80 年代出现的一个“新方向”，但行动研究从一开始便已经有了“批判”的情结。这说明行动研究所追求的“改进”，已经内在地蕴涵了“批判”的意味。

毋庸置疑，这种“改进”及其所蕴涵的“批判”精神是必要的，但人们却不禁要问，教师真的能那么容易地经由“批判”而“改进”自己的教学行为和教学观念吗?

行动研究做到一定的程度，总需要引起相关制度的变化。某些教师的行动研究表面上看是为了“改进”教学行为和教学观念，但行动研究一旦展开，研究总是向校长以及相关的教育行政部门上报或者抵制。而一旦涉及制度的变革和更新，就会引起相反方向的抵制和守护，这正是行动研究的困难所在。

行动研究在实践的基础上，在一定的范围内做出了自己的理论贡献。就此看来,行动研究是艰辛的,唯其艰辛,才显可贵。行动研究是否能够收获某种"改进",也就在于教师是否能够挣脱"制度束缚"而赢得观念和实践的"改进"。同时也对已取得的成功进行理论上的探讨,对行动过程和行动的效果进行理性的思考。

三、系统公开

行动研究重视现场研究的程序,旨在处理实际情境中的具体的问题。也就是说,任何研究过程要利用各种研究工具,如问卷、访谈、日记和个案研究等,随时关注研究过程中的每一个步骤。将由此产生的反馈进行适当的调整与变化,乃至重新认识所研究的问题,加以继续研究并公开研究结果。在讨论行动研究的特征时,Stenhouse 除了将行动研究理解为"教师成为研究者"之外,还特别提出了行动研究作为一种"研究"的前提性问题。什么才算教育"研究"? Stenhouse 的回答是:"研究是一种系统的、持续的、有计划的和自我批判的探究,这种探究应该进入公众的批判领域。"亦可简单地表述为"研究就是公开而系统的探究。"

这里所谓的"系统"(systematic),实际上就是强调行动研究必须使用必要的"科学方法",包括阅读必要的文献,汲取"他人经验"和"他人智慧",而不是个人的随意性问题解决。"科学方法"作为行动研究的精髓之一,除了被 Stenhouse 解释为"系统而公开"之外,后来被 Borg(博格)等人理解为系统地"收集资料和分析资料"。正是系统地"收集和解释资料"使行动研究区别于一般的"随意性问题解决"或经验总结,使行动研究因为遵守某种科学的研究规则而名副其实地具备了"研究"的资格。从这个意义上说,行动研究者需要有一定的理论眼光或科学的精神。在教师未做好理论准备时,需要有校外的研究人员作为促进者参与行动研究,作为教师的"批判的朋友",为教师提供基本理论假设和研究技术。这也正是行动研究中常常有校外研究者介入的原因。

正是出于对行动研究的科学性的维护,Stenhouse(1985)特别提醒人们:行动研究作为一种研究方式,它首先必须具备“研究”的基本条件。研究必须是“系统的”或“持续的”探究,而不是零碎的或偶然的思考。对于一个教师而言,过于强调“系统”的研究会给行动研究带来困难,但教师若指望自己的行动研究是真实的和有效度的,“系统”的研究就成为无法越过的坎。同时,行动研究也是一种公开而系统的探究。“公开”(to be made open)意味着教师向公众表达自己的研究过程和研究成果,使自己的研究成为“公开的”探究而不是私下地琢磨。Stenhouse(1985)坚持真正的研究应包括获得公开发表的资格,认为“私下地研究在我们看来简直就称不上研究。部分原因在于未公开发表的研究得不到公众批评的滋养,我们将研究视为一种共同体的活动,而未发表的研究对他人几乎没有用处。”公开发表的价值还在于,一方面,它为批评打开了一扇窗户,批评促使人们得以改进成为可能;另一方面,研究成果的公开传播也可促进人们知识的增长,并可借鉴他人的研究成果指导人们在某一领域继续进行研究。

因此,称得上研究的活动就应该争取公开发表,行动研究结果的应用是立即的、短程的,以便进入公众对话的一部分。行动研究和其他研究方法的区别就在于,它不在确定某一特定的因素,或脱离赋予此因素意义的情境下单独来研究问题。Elliott(1993)认为,如果行动研究指望成为一种有效的“研究”形式,那么,研究的参与者就必须提出他们活动的书面报告;而且,这些书面报告应该以适当的形式公开发表以便接受公众的批评。也就是说,参与行动研究的教师必须将“写作”视为自己的责任和权力,在“写作”报告中提升自己的反思水平。

第四节 行动研究的类型和范围

一、行动研究的类型

行动研究的类型大体上有两种，一是独立进行的研究，二是合作性的研究。行动研究还可以分为三个层次，分别为：

(1) 单个教师的行动研究；

(2) 协作性的行动研究（理论工作者与教师合作）；

(3) 学校范围内的联合行动研究。

行动研究针对的是中小规模而不是宏观的实际研究，是在教育的实际情境中进行的研究，即从实际中来又回到实际中去的研究。

行动研究的适用范围主要是适用于教育的实际问题而不是理论问题的研究，单个教师的行动研究的特点是规模小、研究问题范围窄，具体易于实施，但力量单薄，很难从事深入的、细致的、说服力强的研究。

协作性行动研究的特点是可以发挥多个教师的集体智慧和力量，但可能在理论的指导方面较欠缺。具体表现为：课堂教学研究将改革措施实施于教学过程；对课程进行中小规模的改革研究；教师职业技能训练，提供新的技术和方法；学校管理评价；对已确定的问题所施行的改革措施，如困难学生的教育措施、不良心理行为的矫正、环境因素的变革等。

学校范围内的联合行动研究是专业研究人员、教师、政府部门、学校行政领导等组成的较为成熟的研究队伍所从事的研究。这是较为理想的行动研究，它的特点是有专业人员参与，有较强的理论指导，研究力量大，能充分地发挥领导、教师和研究人员的作用。

高等教育体制背景下的行动研究是以教师与学习者为中心的，关心的是如何收集数据和测试证据，如何在实践中改进教师的教学质量，进一步理解行动研究的实践意义，从而提高自己的认识和行动。我们认为重要的是在现实世界中，解决与改进所遇到的问题，在更广泛的教育背景下具有一定的影响(陈向明,2003)。

也就是说，教育行动研究通过自己的实践研究产生一定的经验证据。对自己的工作进行说明和解释，表明我们是如何提高教育的质量，以及在工作场所和机构改善个人和他人工作的重要意义。

二、行动研究的范围

普遍认为行动研究涉及以下内容范围：

(1) 本体论——我们如何看待自己的方式、理论；

(2) 认识论——我们如何理解知识，包括如何获得知识；

(3) 方法论——我们如何做事情。

行动研究人员接受别人的批评应是一种职责，是本体论的一种体现，人们应不断地反思自己的做法，这意味着诚实地批判自己的实践，认识到什么是好的、具有建设性的，以及了解哪些方面需要注意和采取行动，并加以改进。这涉及人们的一种理念，即将个人的学习目的行为转化为一种社会利益。

如何认识行动研究的认识论问题？认识论是人们在行动研究中如何理解知识，对所进行的研究如何认识的过程；而科学探究的传统观点是将知识看作为一个独立的单元，是自身存在的，是躺在资料库的书籍，这种观点是知识与实践的脱离。

行动研究人员应将知识看作为生活过程中他们所能做的工作。人们可以从他们的生活和学习的经验中生成自己的知识，因为知识从来都不是静态的或完整的，它是不断发展的过程，不断出现新的理解与认识的过程。这种知识观将现实视为一种进化的过程，是令人惊讶的和不可预知的。知识是没有固定的答案，因为答案马上会成为一个未来不断变化的过去式。所以，答案转化为新的问题，原有的答案就变得毫无意义了,生活与实践就是一个提问和发现新的潜在的问题的过程。行动研究者可能会常问这类问题——“我不知道会发生什么……?”因此,我们的目标是打破固有的知识,而不是维护之。

学习是经验。包括反思实践的经验,决定实践是否符合人们所信奉的价值观,通过反思的结果,然后决定今后的行动。如果我们认为是很好的实践,那如何发展不确定的未来呢? 如果我们认为不太好,那如何改进与提高呢?

这样看来,行动研究是为了提高自己和他人的学习与生活质量而进行的研究。是以“如何改进我现在做的?”为目标,即个体通过自我评价,目的是更好地为他人工作。

这不仅对个人行动研究者,而且对所有行动研究者都适用。我们从“我告诉你做什么”的交付模式中跳出来,没有人告诉你应该做什么。这是一个双向的、互惠的伙伴关系,每个人(不仅仅是一个人)需要问,“我如何改进我现在做的?”每个人都应对自己的生活和行动负有这样的责任。每个人的目标都是要成为一个更好的个体,为构建一个更好的社会做出贡献。

人们常常指出,在社会和专业背景下艰苦的生活和工作的真实现实是由特别的方式所建立的,这些方式受那些满足于现状的人们的保护。在这种社会结构下,这些工作方式已成为固有的模式,个人常常是有意保持沉默或不去过问,有人说这是不可能改变的既定的方式。行动研究者则回应,事实并非如此。首先,我们应该相信有可能改变这一状况,否则,我们还不如放弃现在改善生活质量的一切努力和计划,像医学研究、世界冒险和探索等。如果我们在希望中生活,至少我们有一些想法是能够实现的。如果我们不这样做,则可以肯定是一个零的结果。行动研究是影响社会变革的方式之一,如果每个人都为他人能做出一点贡献,对所有人来说,世界不久将会变成一个更为快乐和更有意义的地方。

教育研究需要实践的研究,现在是相当普遍的做法,尤其是基于问题为研究的行动研究的实践者。人类社会必须建立有共同的信念，必须在共同的原则和利益的相互关系上具有一定的凝聚力和共识（洪明，2007）。

我们知道：我们不能同意一切，我们之间的分歧是存在的。但我们可以经过谈判沟通，通过谈话更好地了解自己与他人；相信通过个人长期的努力，以行动研究作为教育研究中的特殊形式来改变我们在教育活动中所遇到的问题，以实践来验证行动研究方法是一门“无私”的科学。

第五节 行动研究与传统研究的不同

传统上“行动”与“研究”两个词常被视为属于不同范畴的两个概念，前者主要指实践者、实际工作者的实践性活动，后者则主要指接受过专门训练的专家、学者、研究人员的学术性探索活动，它们有着各自的理论和行为目的，两者间并无有机的联系。

传统的教育研究和教育理论的主流取向是实证主义，重视的是“基础研究”以及作为教育之基础的传统学科，如心理学、历史学、社会学、哲学等，认为理论和基础研究能够有效地解决实践问题和指明方向的。基础教育领域的实践者遇到研究过程中一些难以解决的问题，总是求助于外部的专业研究人员，然而，外部的专业人员虽能熟练地运用社会科学的话语和方法提供解答，但对有效地解决教学实践中的问题仍有较大的距离，对教育实践者来说，他们的解答常常有隔靴搔痒之感。于是，人们开始回到教师自身来寻找解决问题的出路。

行动研究与传统的教育研究相比，确实存在不少差异。美国教育研究方法论专家高尔在 1963 年出版的《教育研究方法导论》一书中将

"行动研究与正规的教育研究、随意性问题解决法"之间的差异归纳为10条。后来又在《应用教育研究：教师实用指南》(1981年第1版，1987年第2版，1993年第3版，1999年第4版)一书中将行动研究与"正规的研究"(formal research)的差异调整为9条。

但高尔等人对"正规的研究与行动研究的差别"一直持有一种比较复杂的心态。当高尔在1963年出版的《教育研究方法导论》一书中以列表的方式提出的10条"正规的教育研究、行动研究与随意性问题解决法的差别"(Differences among Formal Education, Action Research and the Casual Approach to Problem Solving in Education)时，行动研究虽然与"正规的教育研究"相比显得不那么重视"控制性"和"精确性"，但与"随意性问题解决法"相比，行动研究却又显得具有较强的"科学性"和"精确性"。

后人在引用高尔的资料时，仅仅选择了"正式的教育研究与行动研究的差异"，放弃了Borg对"行动研究与随意性问题解决法"的比较。舍弃了"行动研究与随意性问题解决法"的比较之后，总给人一种误导，以为行动研究根本无"精确性"或"科学性"可言。

实践者最适合研究自己在实践中遇到的问题，由于教育理论在解决具体教育问题的无力以及人们对教学实践领域的关注，人们意识到，教师作为亲历教育实践的主体，由他们对自身教育实践进行研究是能够找到解决实践问题的途径。教师从事研究工作，不仅可以改进教学实践，而且还可以提高自己的教学技能，教师应当成为教学和研究过程的主人，成为发现问题、解决问题的当事人，而不是旁观者、局外人。于是，教师开始被看成是最适合研究自身专业问题的人员。行动研究所倡导的理念迎合并反映了这一趋势，从"教师即研究者"到"教师是行动研究者"再到"教师是解放的行动研究者"的发展轨迹就是这一过程的体现。

受人类学研究方法的影响，教育和教学作为人际间的活动，是以特定的社会背景下人际间的精神和情感的双向交流为主导的，其间所涉及的因素不仅复杂,而且还涉及具有高度能动性的人的主观因素,这个领域绝非像自然科学那样能通过中立的立场和对变量的控制来达到客观的研究。按照人类学的立场,对人的现象的研究,不事先预设理论,也不能在研究中强行纳入某种框架,而是由事实自然出现,在事情的发展过程中寻求理解,研究者必须考虑研究背景中研究对象的情感、思想和价值观,并从当事人的角度去思考问题。这意味着当事人本身是最适合担任研究者这一角色的,因为,当事者不仅最能理解和体悟自身,还能以自然的状态进入研究情境,而局外研究者则难以做到这一点。局外研究者的研究有时会使当事人的行为及正常的研究背景受到干扰和影响,干扰实践的自然状态。人类学的研究方法不仅突出了教师自身实践是有价值和意义的,而且,其方法本身就为教师从事研究提供了工具。

传统模式研究方法,研究者和参与者之间往往存在着某种权力的关系。这种关系往往是微妙的,但影响是显而易见的,实践参与者往往缺乏自信。这样的教育研究难有支持者,参与者也难于自己去寻求问题的解决答案。传统研究一般有具体的学术目的,研究所产生的学术理论普遍可运用到实践中,也就是理论作为一种指导实践的输出形式,对实践中的运用加以指导,但实际研究对象的变量是可被操纵的,是在一定的控制范围内进行的;而行动研究则注重从实践中产生新的理论,反过来提高具体实践的做法。

传统研究是通过传统分析的形式对知识的合理性进行验证,其主要目标是表明现象的因果关系,并在数量上判断结果。表明因果关系的研究被视为良好的科学研究方法,基于个人知识的研究是不科学的和缺乏严谨性的研究。

人们如何开展自己的行动研究和行动研究有什么用途,行动研究有其自身的身份,与传统形式的研究不同。行动研究作为一个调查的有效形式,用自身的方法论和认识论,确认自己的标准和判断标准。

行动研究本身就是一个理论与实践的过程，以自我反思的方法为中心；而传统研究是研究人员在研究传统形式——传统研究——做其他人的研究，即研究其他人的学习与问题。在行动研究中，研究人员则是做自己的研究，行动研究者是发现和研究自己的问题，即行动研究是由自我到自我进行调查的研究。实践者思考自己的生活和工作，涉及我们问自己，我们做的事情是为什么，我们为什么以这种方式来做。当撰写研究报告时，说明是如何进行系统的调查，并如何进行自己的行为和为什么这样做的原因。通过报告了解自己的实践过程，以便更好地继续发展和实现自己的工作目标。

我们可以从研究主体、研究场所、研究手段和研究目的四个维度来比较行动研究与传统教育研究的不同点（表1－1）。

表1－1　行动研究与传统研究之比较

	行动研究	传统研究
（研究主体）谁来做研究	一线教师	专家学者，大学教授
（研究场所）在哪里做研究	学校和课堂情境	变量可以得到有效控制的环境
（研究手段）如何做研究	运用质的方法来描述和理解教育事件	运用量化的方法揭示变量之间的因果关系
（研究目的）为什么做研究	理解情境，改进实践，带动革新	提出可以推广的理论，出版论著

资料来源：自制

行动研究具有弹性和适应性，适用于学校和教室（课堂情境下）的研究。这些特质在实施过程中所产生的变化，以及在现场的实验和革新的过程中会显现出来。

行动研究主要依赖观察和行为资料，因此也是实证性的。在研究过程中，是以某些方式收集资料，加以讨论、记录，并加以评量，据此采取行动。这种研究的程序成为检验教育改革的一种依据，也可以采用实验法，控制变项，验证假设，以达成可概括化的知识。就此而言，行动研究优于主观的、印象主义的其他研究方法。

行动研究的问题来源于教师自己的教育教学实践，是以问题为中心的研究形式，是教师自己的直接经历和感受。因此，教师在行动研究中必须广泛收集信息，发现问题，研究问题。同时，由于行动研究者关心的是自己在实际工作中面临的问题，所以行动研究中作为研究对象的样本也是特定的，不必具有普遍的代表性。

从研究过程来看，传统研究者要控制教学情境，以便于操作各种变量，而实际教学活动则有自己的进度和方式，往往不能随意操纵。从研究结果来看，教育理论可以自圆其说，但却很难对教学改革提出具体的指导意见。专业人员多半是通过间接的资料进行研究，其主要目的是为了出书写论文。即使联系了学校，实际也基本上处于旁观者的角色，是“关于教育的研究”，而不是“为了教育的研究”。

总之，传统研究的专业人员的研究有如下的特征：研究主体是理论工作者，而不是教育的实际工作者；研究的目的是描述和解释教育，而不是改进教育实践；研究过程基本上游离于教育实践之外，是一种旁观者的研究，因而不为广大教师所理解、掌握和应用，收效当然也不大。这一现象，不仅影响了科研对实践的指导作用，而且阻碍了教育理论的发展。因此可以说，行动研究与传统的教育研究有着根本上的不同。传统教育研究是通过对变量的严格限制，对假设进行验证解释，从而发展理论，得出结论的。行动研究则不同，它通常是在校园内和课堂里的某个特定情境中，采用合作的方式进行的。行动研究在监督个人和集体的研究过程中一般不对个人和集体进行干涉和施加强制性的影响，其研究成果常常能为大家共享而不对他人产生威胁，由于这些原因，行动研究最终获得了人们的青睐。

第六节
本章小结

本章分析了行动研究的概念、发展历史、原则、特点、类型、范围以及行动研究与传统研究的不同等问题，阐述了行动研究是人们从实践中如何学习事物，是如何使个人和社会获得更多的益处，从而导致进一步学习经验的过程。当然，人们需要改善整合在行动实践过程中的抽象化理论，通过具体的行动以帮助人们了解如何采取行动，进一步改进自己的工作方式，提高自身专业水平。从行动研究的视野（命题源于人的世界观）一个人可能会发现另一种做法，并做出有关判断。另一种（源于辩证的世界观）包括“普通”人，所有的人都能够主宰自己的生活，判断与他人的关系；作为行动研究需要我们有自己的想法和创造机会，需要就教育的本质进行调查，以找到最好的教育方式。在行动研究中如何以自己来影响他人，为共同的问题进行判断研究，使教育与社会朝着更好的方向发展。行动研究可以帮助人们认识到教育是人与人之间相互作用的，人们应在教育的实践中，以行动研究来实现自己的价值。从这个角度来看，人与人之间的相互作用的教育行动研究可以帮助人们来认识这一点。

第二章 我国大学英语课程问题

第一节 我国大学英语课程现状

目前,英语作为大学必修的课程,仍有很高的地位,有超过 95% 的大学生学习英语。因为这个庞大的数字,资源和设施仍然不足。在本科层次的课程,一般来说,头两年是普通英语课程,在后两年则为本专业的具体领域的专业英语课程。目前本科课程的重点主要是语言基本技能的培养,较少关注学生相关专业领域的语言技能。使用教科书或编译的材料,教学方法主要是交际方法。

大学英语正处于一个重要的转型时期,或后大学英语时代(蔡基刚,2010)。原来以通过大学英语四级考试为主要目的的大学英语由于大学新生的英语水平不断提高而面临前所未有的生存危机。原来需要两个学年的大学英语学习才能通过四级考试的学生,现在只需要一个学年,甚至一个学期的课程学习就够了。结果,学生英语学习普遍出现懈怠和迷茫,大学英语学分受到普遍的压缩,甚至出现了"去外语化"的呼声。大学英语未来之路在何方?是一如既往地坚持打语言基础,还是转向开展以拓宽学生文化视野的通识英语课程?

为此,外语教育界的一些专家探讨并提出了我国大学英语教学应朝着以特殊用途为目的的 ESP 教学方向发展。其中蔡基刚(2004)提出其观点,他认为大学英语必须向专门用途英语教学尤其是学术英语转移，以培养学生在专业领域内的英语应用能力，增强其国际竞争力。国家教委(2003)曾明确提出："我国外语教育需要作出战略性的调整，大学普通英语的教学任务应将全部下放到中学阶段进行学习，主要目的是使学生在进入高校时就可以专注于其相关专业英语的学习与研究"。《大学英语教学大纲》(修订版)中规定，"专业英语的(ESP)课程应为必修课程，一般安排在大学的第五至七个学期，则总学时不应少于 100 个课时，专业英语的翻译课程及英文摘要与写作等课程安排在第八学期。这种规定保证了四年间不断线的大学英语学习。"可以说国家从战略的高度指明了大学英语教学与改革的方向。当前，我们应为专门用途英语的教育与教学及研究积极做好必要的准备，努力去尝试并在一定的时间范围内将大学英语的教学重心逐渐朝着 ESP 英语教学的方向发展。

总之，实施大学英语四、六级后的 ESP 教学已是势在必行，从宏观的角度来看，急需一支合格的 ESP 教师队伍。ESP 教师作为教授专门用途英语课程的教师，从教师个人出发，由大学一般用途英语 EGP (English for General Purpose)教师发展成为 ESP 教师，这与我国理想的大学英语的教师队伍所应承担的任务要求在很多方面都是一致的，即必须与专业教师进行合作、积极成为 ESP 教材的设计者与参与者，具备跨学科的专业知识。为此，ESP 教师角色的要求肯定需要 EGP 教师要付出一番非常的努力，正如 Evans(1998)指出的那样："与普通的英语教师相比，如果想成为一名高效的 ESP 课程的教师，则需要积累更多的经验、更多的额外的训练，超常的、不断地努力和新的奉献"。同样，Hutchinson & Waters(1987)的话鼓励着 EGP 教师成为 ESP 教师："人们可以对我进行教育和培训，但是专业的发展要靠我自己(People can train me and educate me, but no one can develop me：I develop)"。ESP 教学是一个复杂的过程，涉及的因素很多，还需要进一步的实践和研究。

第二节 我国大学英语课程教学改革的历程回顾

事实上，自 1978 年以来的 30 多年间，中国大学英语教学改革的步伐就一直没有停止过。按照时间顺序我们可以把大学英语的发展与改革分为三个阶段：① 1978—1984 年——为大学英语教学的恢复阶段；② 1985—2001 年——为大学英语教学的稳定发展阶段；③ 2002 至今——为大学英语教学的改革阶段(王守仁,2009)。

1978 年 8 月教育部在北京召开了全国外语教育座谈会，会议最终形成了以《加强外语教育的几点意见》(以下简称《意见》)的指导性文件。经国务院批准，教育部于 1979 年 3 月正式向全国颁发了该意见，《意见》专门提出："要花大力气办好我国高等院校的公共外语课程教育"，为国家"培养出既懂专业又能熟练掌握外语的科学技术人才"。在当时的环境下该文件为"文化大革命"后我国的外语教育教学的恢复指明了极为明确的方向，为此公共外语的教学便很快有了进步与起色。在 1978—1984 年间，大学外语的教学逐渐从惨遭破坏的"文化大革命"时期渐渐步入了正常健康的发展轨道。

国家为了提高在职教师的外语水平，将重点也放在了教师培训工作上。国务院于 1980 年批准教育部制定了《1980 年至 1983 年间高校英语教师的培训计划》，为此各高等院校开始有计划地实施师资培训项目计划。国家在清华大学等重点高校设立了大学公共英语教师培训中心，中心的建立使广大英语教师的培训工作得以正常持续地运行。1982 年"中国公共外语教学研究会"在教育部的直接部署与领导下成立，该研究会的成立标明大学英语的教学与发展向前迈了一大步，与此同时，中国第一部最为完整、最为详尽的"大学英语教学大纲"

制定并完成，这为大学英语教学与研究的稳步发展奠定了坚实的基础。

为了加强对大学英语教学与发展的进一步指导，原国家教育委员会先后在1985和1986两年间批准并颁布了我国高等院校理工科和文科两部《大学英语教学大纲》，从此，"公共英语"这个名称渐渐开始被"大学英语"所替代。《大学英语教学大纲》的制定和实施同样大大推进了大学英语教学的改革与发展，同时，就如何设计和组织全国性的(即国家级别的)大学英语水平考试也列入了议事日程，大纲就考试计划作了"初探式"的相关规定。大学英语四、六级标准考试设计组在1985年底成立，并于1987年9月和1989年1月由国家教委相继推行了全国大学英语四级和六级考试，目的是以检查《大学英语教学大纲》的执行情况。大学英语四、六级考试的设立与实施，对大学英语的教学产生了良好的反馈作用，可以说加快了大学英语教学质量的提高，也使得大学生的英语水平逐渐提高。

我国高等院校大学英语教学指导委员会于1996年5月成立了《走向21世纪大学英语课程的教学内容与课程体系的改革研究与实践》项目组。该项目组对社会需求进行了广泛的调查，进而提出了《大学英语课程的改革方案和教学大纲的框架总体设想》，最终在1998年12月正式一致通过了《大学英语教学大纲》的修订。从1999年开始国家进一步扩大高校招生规模，这使得大学英语的教学面临着更加严峻的挑战，教学中已存在的诸多问题愈加有了突出的表现，诸如大学生的英语听说能力薄弱，教师教学的应试倾向严重，教学方法缺少多样化，现代化多媒体教学技术手段使用滞后(顾定兰，1998)。这些凸显出来的问题可以说严重地影响了当时大学英语的教育与教学的质量，因此，要解决这些问题必须通过相应的改革。为此，教育部专题会议于2003年讨论并通过了全国《高等院校教学改革工程与教学质量》的总体方案及基本思路的指导性文件，其中该方案的重要内容之一就是大学本科公共英语教育及教学改革将作为一项工程正式进入实施与探索研究阶段。

2004 年 1 月，在教育部的建议下高教司积极制定并完成了《大学英语课程及教学要求(试行)》(以下简称《要求》)的又一改革性方案文件，并由国内四家出版社：清华大学出版社、高等教育出版社、上海外语教育出版社和外语教学与研究出版社联合出版发行。这一时期颁布的纲领性文件对大学英语的教学改革进一步确定方向起到了重要的引领和推进作用。与此同时，教育部的基础司也制定完成并颁布了我国《高中英语的课程标准》(以下简称《标准》)文件。《要求》和《标准》这两个指导性文件，我们通过对比发现大学英语的教学究竟该朝哪个方向发展，这是外语界必须要重新思考的问题。

在《标准》中明确规定了高中英语课程目标应该是"培养学生的综合语言的运用能力"，而《要求》中同样提出了"大学英语教学目标应是培养大学生的英语综合应用的能力，特别是听说方面的能力"。高中阶段的英语则被分为了 4 个等级，分别为六级、七级、八级和九级，其中优秀高中毕业生如达到九级，英语词汇量要求达到 4500；一般高中毕业生则要求达到 3300，也就是中学规定的八级词汇量的基本要求。而根据《大学英语课程及教学要求(试行)》中的一般要求，学生的词汇量应至少达到 4500，其中听、说、读、写的能力要求则为高中英语标准的八级和九级之间。

高中英语的课程学习与大学英语之间存在着相同的课程设置，这是问题之一，而且《标准》把英语的课程分为两大类即必修课和选修课。必修课的设置标准则提出了与大学英语的教学要求大致相同的能力目标与标准，其综合课程也采用了不同等级，这与大学英语的等级要求也几乎是一致的。选修课设置包括科技、文秘英语、应用文写作技能、英美文学欣赏、英语演讲与口才、报刊阅读、英汉笔译及口译、外国影视欣赏等课程。通过上述分析我们发现高中英语课程的设置几乎包括了现有的大学英语的所有课程，这很自然地使得大学英语的教师开始担心自己的专业发展与未来的出路问题了。我们不可忽略这样一种事实，随着国家中小学英语教育与教学的快速发展，《标准》的逐步推进，大学一般用途英语教学（EGP）的目标将会在高中阶段完成。在这种形势下，大学英语的课程设置及教学今后将如何发展？大学英语教师的专业方向将朝哪儿发展？这可能是目前大学英语教育界及教师必须面对和需要解决的问题。

第三节 我国大学英语教学改革的必要性

大学英语的教学与发展经历了 30 多年的艰难历程，取得了非常显著的进步与成绩。可是问题依然存在，其中最凸显的是教育教学的投入和其收效的比例两者间严重失调。大学英语是高校的必修课程，其重要的地位和广大的应用前景也使得各高等院校、英语教师和大学生们对其有着高度的重视程度。但是多年来，大学英语的教育与教学在很大程度上受着传统教学模式的影响，大多数学生虽然经过了两年基础英语的学习，但是大部分学生的语言实际应用能力却非常欠缺，这说明大学英语的课程设置存在问题，课程的培养方案与计划不能满足现阶段社会对外语人才的需要（戴炜栋，张雪梅，2001）。目前，就大学英语的教学重点问题仍然有许多高校把它放在四、六级的过关率上，大多数学生一半多的时间都花在了外语的学习上，其目的就是为了能够顺利通过国家所要求的四、六级考试。可是这么多年来摆在我们面前的事实是大多数学生尽管能够通过全国大学英语的四、六级考试，但却难以用得体地道的英语进行交流或灵活地运用于实际中（束定芳，2004）。这种现象或者说这种结果与当今的现代化社会的发展极为不协调，在全球化经济与发展的今天，由于社会各行各业即用人单位对英语使用的空间在不断地扩大，而我们现行的大学英语的教学与培养模式完全滞后于社会的需求，与具有国际性竞争的复合型人才的大学毕业生的目标还是相距甚远。

值得庆幸的是教育部在 2004 年初向各高校正式颁发了制定的《要求》,并宣布以此文件纲领为主导在全国范围内展开大学英语的教学与改革的试点工作。可以断定现行《要求》的实施有利于外语专业人士特别是一线的广大教师从通识教育的视角来深入研究和探讨中国大学英语的教学改革。《要求》一方面充分体现了由传统教育的观念向更符合现代化教育观念的转变,它重点强调大学英语的课程设置和培养目标不仅仅要包含基础知识、基本技能、跨文化与交际等,还特别强调了该课程的最终目标应是培养学生具有高素质的综合的英语实际应用的能力;另一方面,《要求》在诸多方面体现了其人本主义的特点,教学目标以学生为本,以培养学生的自主学习能力为本,最终以提高学生英语的综合文化素养和能力为本。

《要求》指明了大学英语的发展方向,使各高等院校的毕业生能够成为满足于社会所需求的具有外语综合素质与能力的人才,各个院校应将现开设的基础英语的课程与专门用途英语(ESP)的课程协调和统一起来,使 ESP 的教学成为基础英语教学的继续延伸和扩展,ESP 课程内容也是进一步培养学生的语言应用能力的重要来源。因此,只有将基础英语的教学扩展并提升到 ESP 的教学中,才能够为高速发展的社会培养出合格有用的人才。正如学者 Jordan(1997)所指出的:“那些经过 ESP 课程所培养出来的学习者,他们在未来要从事有关自己专业领域中的工作,其英语语言的应用能力要远远强于那些只接受过普通英语教育的学生,他们更能准确和有效地胜任实际的交际活动。”为此,大学英语的教学应该针对 ESP 方向,在课程的培养目标、教学模式、教学手段、教学内容和教学评估上进行进一步的改革研究与探索,以便更好地与时代发展相同步。

第四节
ESP 成为大学英语课程改革的热点

我国高等院校非英语专业的大学英语教学在过去的 30 多年间得到了长足的发展与进步,现进入了大学英语的改革后时期。大学英语教学与研究到底应该朝什么方向发展?这个问题成了当前国家教育主管部门及外语教育界共同关注和热议的话题。教育部长袁贵仁曾在 2010 年的国家教育会议上说:“2010 是教学改革年的开始”。这意味着全国教育界正在酝酿或开始进行一场新的改革,同时也促使外语界将大学英语教学改革正式纳入了议事日程。根据教育部出台的《国家中长期教育发展规划纲要》(征求意见稿),全国大学英语指导委员会相继颁布了《大学英语教学改革基本思路》和《大学英语教学改革工程草案》。这两部纲领性文件明确指出:“学生掌握英语的最终目的是为了交流的需要,大学英语教学应该摆脱其传统的以知识型为主的学习方式。重点应转向以培养学生的语言技能上,即提高学生适应社会的英语实际应用能力,特别是要加强口语听说的能力,同时应提高学生在本专业领域能够用英语进行口语和文字交流的能力”。大学英语教学改革有了指导性纲领,这加快了其改革的步伐。国家相关部门及大学英语教学指导委员会于 2010 年 1 月在北京召开了《中国 ESP 研究》创刊研讨会,同年 7 月又进行了“中国 ESP 研究高端论坛”。这两次研讨会说明大学英语教学的方向将会发生重大改变,即 ESP 方向。这也得到了国家教育主管部门及英语教育专家的重视。会议提出大学英语教学在参照过去 ESP 开拓者所开创的思路与方法的基础上,继续探索 ESP 课程的教学与研究。要依照国家的改革方案为指导思想:“我国各高等院校生源质量大不相同,在一些学生英语基础好、师资力量配备相对强的院校,英语教学可采用新的教材和教法。例如可尝试直接将大学英语与专业教学两者结合起来,或以双语教学来替代大学英语教学等”。该方案同时提出“大学阶段的英语教学应避免重复性教学,重点应加强学生实用英语的训练,培养学生在专业领域的英语实际应用的能力。”

根据2010年春夏两次国家相关部门及外语专家就大学英语的发展方向所给出的指导性意见,专门针对行业性与特殊用途的ESP教学与研究将是我国今后大学英语的发展的主方向。既然ESP教学将作为高等院校大学英语教学的重要发展方向,而目前所面临的最需要解决的问题就是ESP教师的问题。可以这样说现有的大学英语教师的知识结构与专业发展均面临着严峻的挑战,他们与ESP教师的角色要求还存在着巨大的差距。这是因为对长期一直从事大学英语教学的大多数教师来说,教学内容是以语言知识的传输为主要任务,很少涉及应用型教学任务(罗娜,2006)。而ESP教师的教学侧重点则不同,这就要求大学英语教师不仅要承担英语语言基础知识的教学,还需进行与专业学科相关的ESP英语教学。

毋庸置疑,随着全球化经济的快速发展,国际间交流变得愈加频繁,加上国际互联网使用的普遍性和教育国际化的趋势,以及现代社会对人才的实用英语水平和语言技能的高要求,ESP课程的作用也会变得越来越重要。为此,大学英语教师在ESP教学与改革的同时也迎来了诸多的发展机遇,广大的大学英语教师应重塑自己的专业思想,应该清楚地认识到以ESP为中心来发展自己的教学方向,这也是我国当前教育教学改革的趋势;并应充分了解其他相关专业知识与自身现有的知识结构以进行必要的调整。在教育教学及研究中,努力学习和掌握有关ESP课程的教学内容和教学方法,以达到社会需求、学习者需要的目的。

一、ESP的产生与发展

专门用途英语(English for Specific Purpose,简称ESP)是英语语言

学中的一门分支学科，它真正的起源是在20世纪的60年代初。在第二次世界大战之后，以美国为代表的西方世界为了解决大战所带来的许多后果与问题，纷纷提出要大力发展新型的科学与技术，以提高各自国家的经济实力。当时由于科学与技术的强劲发展大大推动了世界各国之间的政治、文化的交流尤其是促进了经济的繁荣。在各国相互间的频繁交流与交往乃至合作中，英语则成了诸多语言中应用范围最广的交流工具，可以说是世界性的第一语言。在世界经济发展的进程中，英语语言占据了非常重要的地位，这自然也愈加促使学习者学习英语的目的愈加多元化，即由原来的单一性向语言的多样性发展。学习者不再以受过良好的教育和拥有良好的语言素质为英语的学习目的，而是与社会中的各行各业的具体职业的实际需求联系起来。因此，学习者学习英语的目的变得比过去更加明确，目标性更强。ESP课程就是为了满足当时不同学习者对英语的不同需求而产生的。可以这样说，ESP的产生和发展源于当时社会经济与科学技术的发展需要。同时，ESP的教学理念和理论以及实践渐渐地开始在很多国家得到推广与普及，并逐步发展甚至渗透到多种专业与学科领域。

此外，“还有两个主要原因也促使了ESP的产生与发展，即语言学领域自身的革命以及教育心理学的快速发展”(Hutchinson & Waters, 1987)。早在1964年，Halliday等人合著出版了《语言学与语言教学》(*The Linguistic Sciences and Language Teaching*)一书，在书中就提出了ESP的概念定义：“English for civil servants; for officials of the law; for policemen; for doctors and nurses; for engineers and fitters; for specialists in agricultures”(英语的课程设置应包含普通英语、法律英语、警察英语、医学英语、工程机械英语、农业英语等)。该书作者首次系统化地阐述了英语语言的学习及其课程的教学内容与方法应根据学习者具体的需要来决定。传统意义上的语言学强调语言教学的重点应是语言本身的一些使用规则与用法，而现代社会的语言学则强调语言的重点应是语言具体运用于实际的交际中。由于学习者学习英语存在着不同的目的和功用,因此,英语语言的教学更应重视学习者的不同需求,以达到语言学习的目的并取得最佳的效果。ESP 课程教学就是根据学习者的需要而产生的,这是一种语言教学与发展的有效方法,该课程的相关教学内容和模式是以学习者的学习动机为目的的,它也是社会语言学中有关语言的变体理论和语言功能的分类理论以及语域理论具体运用于外语语言课程及教学中的一种体现。

教育心理学在强调学习者的个人需求和兴趣方面的研究得到进一步的发展,该研究认为对学习者来说其学习态度和学习动机对学习的效果有着直接的影响,学校教学的重心应该由过去的以"教师为中心"的传统观念转向以"学生为中心"的理念,最终目的是转向以"学习为中心"(learning-centered)的发展过程。可以说这些领域的研究成果与理论为 ESP 课程的形成与发展奠定了一定的基础。世界著名语言学家 Dudley Evans 和 St. John(1998)受这些理论的影响,进行了进一步的研究并提出:"专门用途英语(ESP)是根据某一特定的相关的专业而设计出的英语课程,它与一般用途英语有着本质上的区别,它是一种有着独特的教学理念和教学目的的课程。"另外,由于人们身处不同的场合其语言的表达方式和目的是不同的,如果英语学习者只是学习一般英语的知识和掌握一般的语言技能,已不能应对社会不同行业对具有实际运用语言交际能力的人才需要。因此,学习者应转变已有的学习观念,根据自己所学不同的专业来发展和提高语言与专业相结合的交流能力,以应对将来具体实际工作中的需要。这也符合一些语言专家的观点,他们认为任何一种语言的学习,学习者既要掌握该语言作为一种工具,又要为自己今后所从事的相关专业服务。为此,传统的一般英语的教学受到了以社会需求和学习者变化两方面的压力,反过来同时又使得 ESP 课程开始受到更大程度的研究开发和实践。从 ESP 的产生来看,它之所以能够存在于现代社会并引起重视和得到进一步的发展,其主要原因是 ESP 课程更符合社会的发展需要。可以说 ESP 的存在与发展本身具有社会的需求理据(societal motivation)。

20 世纪 70 年代末 80 年代初，我国开始兴起了学习科技英语的热潮，这是 ESP 课程的最初尝试，尤其是一些理工科重点院校纷纷在本科类专业中开设了与专业相关的英语课程。但是在当时的情况下，ESP 课程没有相应的系统性的建设与开发，因而 ESP 课程的发展相当缓慢。虽说 30 多年间 ESP 课程在我国的发展与研究从无到有，从论著到专门的课题研讨会，也曾一度陷入尴尬的窘境，这与当今社会的日益拓展和深化的交际活动以及人才的培养极不相称。ESP 课程近几年在我国再次引起关注，进而成为目前国内英语教学与研究的一个热点课题和发展目标，可以说是大学英语教学与研究改革的又一次飞跃。

二、ESP 教学理论体系分类

关于 ESP 的课程分类，目前主要有两类，分别是 Hutchinson 和 Waters 的三分法学说和 Jordan 的二分法学说。

根据 Hutchinson 和 Waters（1987）的三分法即常说的以树形图来进行分类的方法，ESP 可分为数个分支，其中主要包括：科技类英语（English for Science and Technology，简称为 EST），商贸类英语（English for Business and Economics，简称为 EBE），以及社科类英语（English for the Social Science，简称为 ESS）（见图 2－1）；这三个分支可再分为两个次分支，即职业英语（English for Occupational Purposes，简称为 EOP）和学术类英语（English for Academic Purposes，简称为 EAP）。纵观 ESP 的三分法我们可以得出结论：该分法主要是以学科门类为主线的，是以某一学科内容为主要的英语教学方法，诸如所涉及课程有金融英语、计算机英语、法律英语、商务英语、机械英语、航空英语和医学英语等等课程，而这些课程的特点是以知识性传播为主。

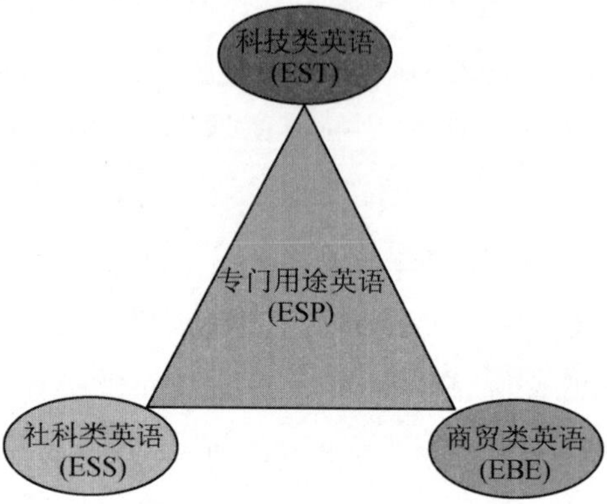

图 2-1　ESP 三分法

图片来源：Hutchinson T, Waters A. English for Specific Purposes[M]. 上海：上海外语教育出版社，2002.

著名语言学家 Jordan（1997）则把 ESP 课程分为了职业英语（EOP：English for Occupational Purpose）和学术英语（EAP：English for Academic Purpose）两大块，继而将学术英语划分为以下两类，即专门类学术英语（English for Specific Academic Purpose，简称为 ESAP）和一般类学术英语（English for General Academic Purposes，简称为 EGAP）（图 2-2）。二分法的主要目的是以训练学习者的学术语言的交流能力以及学术的书面表达能力，同时关注学习者未来职业的英语语言的使用，这些课程更注重学习者在一定的语言环境下的实际应用语言的能力。

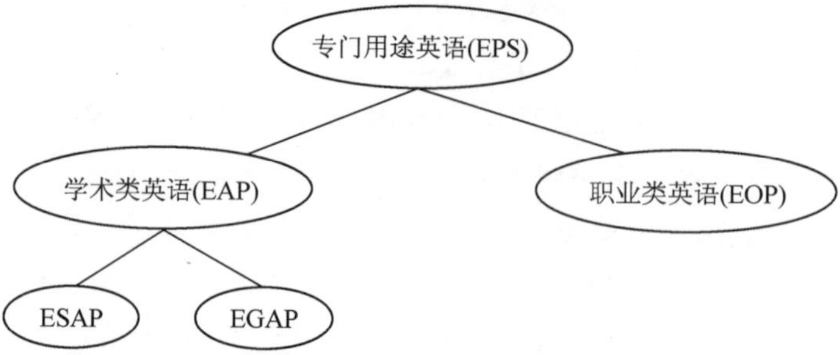

图 2-2　ESP 二分法

资料来源：Jordan R R. English for Academic Purpose[M]. Cambridge：Cambridge University Press，1997.

三、国外ESP的实践及研究趋势

ESP课程自20世纪60年代开始发展迄今，国外学者对ESP课程已经有了深入的研究并建立了比较系统和完整的教学体系，ESP的教学与研究尤其在经济和教育发达的欧美国家得以稳步发展。ESP教学与研究虽经历了各个发展阶段，但在每个阶段都有代表性的专家和论著，一些国家创办了专业化的ESP期刊以及研究机构，如著名的国际期刊《特殊用途英语》和《特殊用途英语简报》等。

在亚洲ESP课程的教学与研究早已成为一些国家和地区英语教学的主流，特别是在英语水平较高的国家，比如在日本ESP的发展与应用是最为普及的，一些跨国大企业像索尼公司，ESP被定为最基本的技术交流语言。1996年，日本成立了ESP专门研究的机构，最典型的是日本东京大学和京都大学制定的英语教学大纲，要求规定大学一年级的新生从一开始学习英语就应与自身专业学习相挂钩，但他们主要开设的是学术类英语课程(蔡基刚,2012)。

我国香港的许多大学相继开设了ESP课程，如：建筑专业口语技巧(Speaking Skills for Architecture Students)，艺术专业英语(Professional English for Arts Students)，工程师专业写作技巧(Professional & Technical Written Communication for Engineers)，法律英语(English Skills for Legal Students)，医学英语(English for Medicine)，以及专为社会工作的学生而开设的写作技巧课(Professional Writing for Social Work Students)等等。“所有课程都是专门依照学生所学的专业来开设，学校为学生提供的这些课程，目的是培养学生在专业方面的语言运用与交际的技能，常以课堂讨论、口语交流、论文写作及报告等多种形式来开展课程”(蔡基刚,2010)。

国内近些年ESP的教学也得到了再次的实践，例如，宁波诺丁汉大学专门制定了《英语教学大纲与教学目标》。该大纲要求学生在第一学年就以学习“学术英语”为主，其中第一条规定“英语课程是给学生提供学术英语的学习并掌握其学术技能，目的是使学生将来能胜任与专业相关的学术交流”。学术英语的教学主要分为三个阶段，第一阶段的核心课程主要包括学术听说、学术写作与阅读、学术语法与词汇，这些课程的授课期均为六周。第二阶段主要开设的课程为学术口语交流、学术书面交流、定量研究分析方法等应用型课程，课程授课时间定为十一周。第三阶段所开设的 EAP 课程重点包括：学术书面交流 II、学术口语交流与研究 II、定性研究方法等课程，授课时间也均为十一个周。

束定芳教授曾在 2010 年说道：ESP 与 EGP 的教学方法两者间存在着较大的差异，我们不可以照搬美、英等国的 EGP 教学方法，但是可以学习与借鉴他们 EGP 与 ESP 的成熟理念和先进的教学方式与模式，应该创造机会派英语教师到这些英语国家去进修和学习，获取 ESP 的教学经验，相信这种作法在一定程度上会加快和促进我国的 ESP 教学研究与发展。

我们可以通过分析看出 2000—2009 年各个学科 ESP 教学与研究的分布与趋势（图 2－3）。经济与商务英语（English for Economics & Business）占据了整个 ESP 教学与研究的 59%，这一数据充分说明，世界经济的发展大大促进了全球范围内各行各业间的商务活动，为此商务英语的发展与研究也随之处于最为领先的位置。这与我国目前开设 ESP 课程的大多数院校相吻合，多数也是以商务英语为主打课程。其次为医学英语（English for Medicine）和语言应用英语（English for Applied Linguistics）所占比例均为 16%，这表明医学英语与传统的语言应用英语的教学研究同等重要。而科技类英语（English for Science & Technology）所占比例为最小，这一现象完全不同于我国在 20 世纪 80 年代初期 ESP 只以科技英语为主的情况。以上这些数据可以证明，ESP 的教学与研究是顺应其社会经济的发展而前行的。

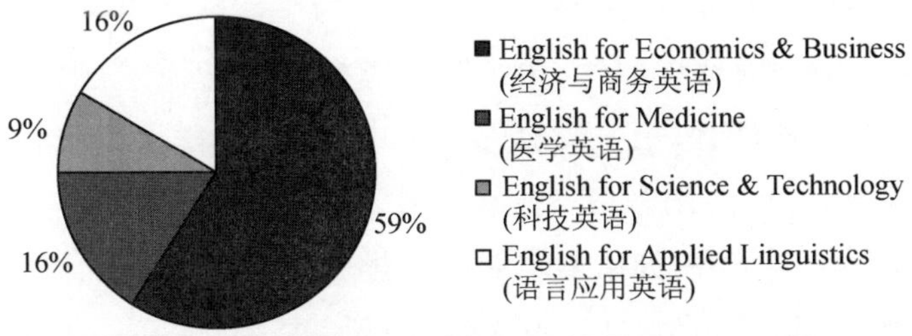

图 2－3　2000—2009 年各学科 ESP 教学与研究的分布情况

资料来源：自绘

四、我国大学 ESP 课程设置的历史回顾与实施状况

根据国家《大学英语的教学大纲》的要求，大学英语的教学应分为两个阶段即基础英语（EGP）和特殊用途英语（ESP），大学一、二年级以 EGP 的基础教学为主，而三、四年级则为以 ESP 的教学为主。大学英语的教学目的是“最终使得学习者能够用英语作为一种语言工具来获取与专业相关的信息”。在以应用目的的 ESP 提高阶段，各高等院校应根据学生所学专业，开设与专业相联系的英语课程，即 ESP 课程，据了解目前一些高校所开设的 ESP 课程与教学已部分地发展至各个不同层次的不同专业了。虽说 ESP 课程的设置与建设在我国仍然存在着许多问题，尽管还有少数个别院校至今还尚未开设 ESP 课程，而已开设该课程的院校大多可能还是处于非系统的各自为政的教学状态，一些专业院系自发地组织进行 ESP 教学，情况却是举步维艰。这与已发展多年的 EGP 基础英语的教学相比极为不和谐。不过，使我们感到欣慰的是 ESP 教学与研究已于 2010 年重新提到议事日程上来，可以说 ESP 教学正在引起高等院校各方面的重视，正在研究大学英语的课程建设与设置将如何转向 ESP 方向。目的是使学生能够顺利地从 EGP 基础阶段转向 ESP 英语提高学习阶段，可以说，这两个阶段的课程设置是实现教学大纲所要求的大学英语教学目标的保障，也是实现大学生四年不间断英语学习的重要举措。

大学英语到研究生英语的教学发展趋势应定位为三个不同的阶

段(图 2-4)。第一阶段主要包括以 EGP 为主体的英语课程,教学方式与手段多采用传统的教学;第二阶段应为 ESP 阶段,学生可学习与专业相关的英语课程;第三阶段应是 EAP 阶段,即学术英语阶段。但是,这三个阶段的英语学习肯定会存在一些问题,一方面学生入学时英语的水平参差不齐,如果要求大学新生直接进入 ESP 的课程学习,则会有困难,即便是在一些重点大学,情况也是如此;另一方面 ESP 的教学师资力量目前尚未达到要求,这可能是各高等院校所面临的最大问题。如果 ESP 的师资问题不解决,EAP 课程和 ESP 教学的发展与建设都会受到非常严重的阻碍(王蓓蕾,2004)。

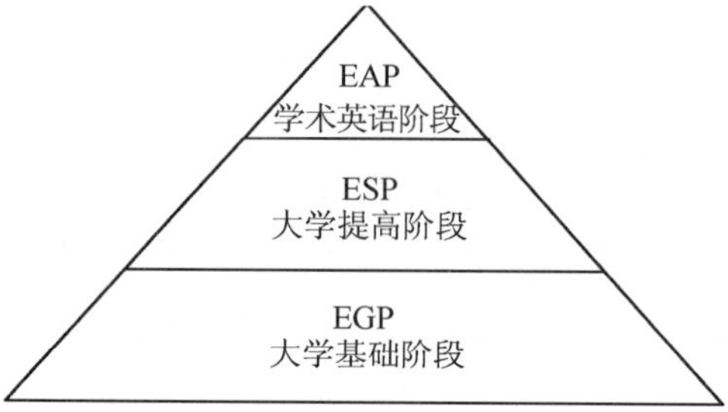

图 2-4 EGP-ESP-EAP 课程设置阶段

资料来源:自绘

五、ESP 与 EGP 的区别与联系

传统的 EGP 是大学英语的必修课程,其教学目的是要求学习者掌握英语的一般性语言知识、语法规则与语言技巧。教学重点是以培养学习者的听、说、读、写、译这五项基本技能为主,即提高学习者英语语言的水平修养和素质,但未强调英语语言本身在实际生活与具体环境中的应用,因此可以说 EGP 是有着明显特征的语言类课程。而 ESP 课程则有着十分明确的教学目标和教学内容,教学方向与某些特定的职业有关,主要与学习者专业学科相联系并满足其未来交际的需要而开设的课程。ESP 课程的特点就是针对性很强,其教学内容的专门化程度及实用价值都很广泛。ESP 课程同时属于英语语言学习共核之外的一个分支,需经过专门的教学过程学习者才可以掌握其内容。

1985 年 4 月在斯里兰卡举行的 ESP 国际研讨会就 ESP 的概念进行了重新的认定。会上 Strevens 教授就 ESP 的定义给出了更加详尽的阐述。他指出:“ESP 课程具有四个根本性特点(absolute characteristics)和两个可变性特点(variable characteristics)”(Strevens,1985)。

(一) 四个根本性特点

(1) 课程设置首先必须要满足一定学习者的特别的需要;

(2) 课程的教学内容必须与学习者的相关专业联系起来,并要满足其未来的职业需要;

(3) 词汇和语篇等教学的重点应与特定的专业或职业相关,重点应放在语言的运用上;

(4) ESP 课程的教学必须与普通英语 EGP 的教学形成相互的对照。

(二) 两个可变性特点

(1) ESP 课程可以仅仅限于某一种语言技能方面的培养;

(2) ESP 教学可采用任何一种教学法,不一定只限于交际教学法。

有关 ESP 和 EGP 的性质问题,著名学者 Hutchinson 和 Waters(1987)认为有两个重要的特点:① 从教学的内容上来看,ESP 不是教授一种“特殊种类”的英语;② 从教学的原则上来看,ESP 与 EGP 教学没有本质上的区别。因此,ESP 与 EGP 两者间实际上是很难划定出非常分明的界线的,也就是说他们间的共性超出了其特殊性。同时,我们还可以这样来阐释两者间的关系,即 ESP 与 EGP 之间的关系是同属于一种语言共同体(continuum)中的两个不同的组成部分。因此,我们可以这样认为:对于学习者来说,EGP 是语言学习的基础阶段,主要是以掌握语言的基本知识与技能为主,而 ESP 则是以进一步培养学习者能够掌握与专业领域相关的知识来加深其专业的学习,或使得英语语言的学习能为他们未来的职业所服务;同时,ESP 是英语知识与技能得以专门化的学习过程,目的是使得学习者将来能够有效地进行各类不同的工作(范谊,1995)。ESP 的精髓之处就是满足不同目的的学习者的不同需求。

ESP 和 EGP 的区别还在于需求的“意识”而不是需求的“存在”。如果教师知道学习者为什么需要学习英语?这种意识就会影响到教师在语言教学过程中使学生能够接受到合理的教学内容;同时,从积极的方面来考虑,这种意识也会影响到教师开发学生的认知潜力。虽然从表面上来看,ESP 课程的重点在于它的内容,这在事实上仅仅是界定学习者为什么需要学习英语这个主要问题的一个从属结果。简而言之,不是需求的性质而是需求的意识把 ESP 课程和 EGP 课程两者区分开来了。

我们仍然主张任何课程的设置都应该建立在以学习者需求分析的基础之上。这从一个方面说明了 ESP 课程设置的步骤对 EGP 课程产生了有意义的影响,同时又一次表明了我们需要用一种认可的教学方法。需求分析的答案可能不尽相同,但是我们要问的问题是相同的;然而,EGP 目前的传统是不需要界定学习者的需求,因此也就没有必要试图去发现学习者的真实需求(蔡基刚,2012)。因此,如果我们必须从实践的角度去阐释课程设置的 ESP 教学法的最低限度的话,那就是需求分析。既然这是一种目标情景的意识——可定义为用英语交流的需求——这种意识可以把 ESP 学习者与 EGP 学习者区分开来。

六、我国大学 ESP 的教学及师资状况

大学英语教学与发展历经了 80 年代的恢复阶段、90 年代的稳步发展阶段和 2000 年以来的改革阶段后,在课程设置、教学模式、教学管理等方面都取得了长足的进步与发展;但随着我国教育的进一步改革和社会对复合型人才的需求变化,大学英语正在寻求新的发展方向。以满足社会各界不同行业的特殊用途的 ESP 教学与研究近两年再次成为外语界共同探讨的话题,许多有识专家认为 ESP 教学将是今后我国大学英语教学与发展的主方向之一,但是国内目前尚未形成一支专门的 ESP 教学队伍。毋庸置疑,ESP 教师专业队伍的建设是最为重要的任务,现有的大学英语教师其知识构成主要是以语言知识为本,其他专业方面的知识对大多数教师来说可能是非常的欠缺与不足,以这种知识背景下的教师是难于应对 ESP 的教学与研究的。可以这样说,大学英语教师目前所面临的专业困境将会影响其专业的发展,如果不寻求新的专业发展方向与出路,很可能这种矛盾会愈加凸显(于兰,孙启林,2007)。为此,大学英语教师应根据 ESP 教师的角色要求和发展方向将自己的知识结构进行适当地调整与补充,努力缩短差距。同时,大学英语教师的角色转型应引起各级管理者特别是教师本人的足够重视,而朝着 ESP 教学与研究发展这种导向可能会使得一些大学英语教师起初会处于被动的或不得已的思想状态去接受这种新的教学。的确,广大教师需要从自身的专业发展与认识上对这种教学所带来的变化进行重新的审视,其中包括个人专业的发展取向、知识结构的重新建构以及与专业教师的合作等。大学英语教师应有意识主动地使自己的专业发展方向能够适合高速发展的社会要求,并努力积极地探索出一条有效的 ESP 课程的教学方法。

20 世纪 70 年代末,ESP 在我国才开始真正得以推广,但我国的大学主要是热衷于 EST,即科技英语的学习。虽说 ESP 的教学从那时开始起步,但其发展速度相对缓慢;大多数院校对 ESP 课程的重要性认识不充分,同时受各种因素的制约,ESP 课程的设置也没有统一的大纲,加之 ESP 教材的编写滞后,ESP 的师资来源以及教学管理的手段和评估测试等,都无法跟上 ESP 的教学与发展。最终导致 ESP 教学曾在一段时间陷入了少有人问津的尴尬境地。ESP 教学与发展所处于的这种低谷现象,与我国快速的社会经济发展的需求形成反差,显得格格不入,正如蔡基刚(2010)所说:“我国大学的 ESP 教学其定位只在专业英语上,导致教学的效率非常低下,因而步履艰难。”

事实的确如此,我国大多数高等院将 ESP 的教学主要定位在了专业英语的学习上,主要开设的课程包括科技英语、法律英语、新闻英语、医学英语、商务英语和计算机英语等。大多以传统的教学手段与方法来进行 ESP 课程的教授,强调学习者学习和熟悉专业词汇、专业句法和专业的篇章结构;而这种传统的英语语言的学习方法着实难以激发学习者的学习兴趣,因而他们对 ESP 课程的学习反应也相对滞后。黄建滨等(2001) 曾对我国 159 所大学进行了 ESP 课程的调查,全国未开设 ESP 课程的院校达到 80 所,所占比例为 50.3%。即使一些大学开设了 ESP 课程,但仅仅只是局限在少数的几个专业。2010 年初该课题组又对全国 45 所大学的 ESP 课程开设情况进行了统计,其中有 25 所院校开设了 ESP 课程,所占比例为 44%。从这一数据我们可以看出 2010 年全国高校所开设的 ESP 课程其比例居然还没有 2001 年时那么高。可以得出结论由部分专业教师所教授和开设的 ESP 课程仅仅是点缀性的,完全未形成系统化。ESP 的课程还只是局限于专业知识并不突出的专业英语或一些职业英语上。ESP 课程的教法也是雷同于 EGP 的综合课,ESP 的重点并不明确。

另外,ESP 的师资主要是由一些专业教师和教授 EGP 的大学英语教师所构成,但大多数的 ESP 课程主要还是由专业课教师来承担,EGP 课程的教师只能开设一些专业知识比较浅显的课程,其中商务英语可能是最普遍的。大学英语教师本身承担着相当繁重的 EGP 英语的教学任务,迫于压力来进行 ESP 教学,而他们的专业知识结构主要是人文英语(段平,顾维萍,2006),因此大多数 EGP 教师对相关专业英语的语体或者词汇方面的知识和特点并不精通,所造成的结果是学习者对他们在 ESP 方面的教学及教学质量不满意。

第五节 ESP 教学发展滞后的原因

一、学科专业教师受其英语能力的制约

1998 年国家大学英语的课程改革项目领导小组草拟了《大学英

语的课程改革及教学大纲框架设想》,教育部并于1999年正式颁布了该《修订大纲》。《修订大纲》明确地指出:"专业英语课程原则上应该由学科专业的教师来承担,各个外语学院或系部及外语教研室可就本院校的具体情况给予支持协助与配合"。在大多数高校ESP课程基本上是由某一学科专业领域中英语语言水平相对较高的专业课教师来开设的,这些教师的优势主要是对学科中的专业词汇与语体比较熟悉,但是,他们所欠缺的是专门的语言训练,自身的英语水平受到制约,不能像英语专业科班出身的教师那样能够自如地驾驭语言。因此,他们在进行有关具体的语言教学时,很难将地道的英语与学科的专业理论知识相融合,最终导致了ESP的教学方法单一,缺少多样化,对课程知识的学习也只能是进行笼统地讲解,学习者很难学到更为细化的知识,因而,ESP课程的教学效果难以得到保证。这种现象及症结长此以往便导致了学习者"仅仅将ESP课程看做是为了了解其他专业的一种手段而已,学习ESP课程并不是为了进一步提高自身的英语语言能力的机会"(王蓓蕾,2004)。让专业课教师来开设ESP课程也不甚理想,因为专业教师承担着双重的教学任务,让他们讲授专业与ESP课程,精力会受到影响且压力较大,所以导致专业教师很难在ESP的课程教学上有所突破与建树。可以这样说,ESP课程由专业课教师来进行教学可能是造成效果不太理想的直接性原因,进而也造成ESP的科研严重的滞后。为此,国家相关部门应针对目前ESP课程教学的现状,有计划和有组织地教育培养专门的ESP教师,纠正ESP教师配备上的错位现象;否则,ESP的教学与研究仍可能难于体现其真正的价值,从而阻止大学英语的改革发展(蔡基刚,2010)。

要解决ESP的师资问题,最好的办法是将现有的大学英语教师进行专门的培训,继而来开设ESP课程,因为就大学英语教师的知识结构与受教育的背景来看,他们已具备了良好的英语语言的能力,且在职教师的研究生与博士生的比例与前些年相比大大提高,学历层次确实发生了很大的变化。加之《修订大纲》也规定了ESP课程被列为

EGP 的后续课程，这在国家政策的引导之下，大学英语教师鉴于他们目前的专业困境，选择 ESP 作为教学的方向之一，这为大学英语教师指明了专业发展的途径。我们相信大多数教师都会积极地更新和拓展自己的专业知识，并会在很大程度上出现质的飞跃，这样将会进一步地推进与改观我国 ESP 的教学与研究。

二、ESP 受通识课程大学英语 EGP 的挤压

“大学英语的学习是以语言的共核内容为主要课程中心呢？还是应结合相关的专业课程的内容开设 ESP 课程的学习，特别是针对理工科院校的学生应该开设 ESP 的分支 EST?”这些问题很早就在外语界“存在着分歧意见”。“前者的观点认为在中学阶段外语的学习基础如不扎实，进行 ESP 的学习则会带来很大的困难，对于专业的阅读将难于适从。后者的看法是大学理工科的学生是以英语为工具来了解和把握国外的最新科学与技术。”专家则一致认为大学英语的教学应侧重使学生能够在较短的时间里有能力应对大量的科技阅读文献。但通过 EGP 外语的学习继续打好一定的语言基础的观点一直左右着中国大学英语的教学。上述这两种观点多少年来一直是争论不休，颇为激烈。

李佩曾就 EGP 与 ESP 英语问题的争论，专门在中国科学院的各个研究所内进行调查以征得对这两种课程观点的意见，结果有 14 个研究所的所长及研究员认为大学英语的教学应重点取向于“普通基础英语即 EGP”，并非是科技英语。华中一和杨福家也曾先后发表文章反对“科技英语”为高校英语学习的重点。他们的观点是：“科技英语就根本不存在”。这个看法我认为的确有些偏激（束定芳，2004）。

从以上的各种观点我们可以毫不夸张地说：“EGP 与 ESP 的争论已超出了其在理论上的教学与研究的探索，这对我国大学英语的教学、课程设置有着直接的影响。因而大学英语的教学在相当长的一段时间里都是以普通基础英语 EGP 的教学为主，不需要或没有必要在大学进行专业英语 ESP 的教学，这种思想占领着主导的地位”（蔡基

刚,2007)。

三、ESP 教学受双语课程的挤压

2001 年 9 月,教育部再次颁发了文件,明确提出:“大学的本科教育阶段要创造一定的条件用英语或其他外语来进行公共课程和专业课程的教学,应力争在三年内,外语教学的课程应达到所开课程总数的 5% ~10%。”在该文件颁发一年后,教育部又制订出台了《本科教学工作水平与评估指标体系》。文件规定 A 级标准即重点院校所开设的专业双语课程门数最低不能超过 8%。我们以浙江大学为例,每个专业规定至少要开设 3 门以上的双语课程,学校也在资金上大力支持,先后拨出了 1000 万元来扶持和建设双语课程。为此 ESP 课程在双语课程的极力挤压下,可以说是已经到了被边缘化的程度,几乎是停止发展了。究其原因主要是:

“首先,各个院系制定了一些政策,在课时津贴及教学工作量的计算上给出优厚的条件,鼓励 ESP 教师开设双语课程;另规定 ESP 课程属于公共的基础课,而双语课程则为专业课程的范畴,且在工作量的计算和教师职称的晋升上均可优先考虑。再者,在国家全面推进大学学分制改革与本科总学分压缩的背景下,原本为必修课程的 ESP 面临着被砍掉的危机”(蔡基刚,2007)。例如上海的复旦大学原有的金融英语、新闻英语、管理英语和商务英语等专业 ESP 课程纷纷被双语课程所取代。

同济大学的土木学院有一位副院长曾解释说:“ESP 课程只是历史的产物,由于过去大学生的英语基础较为薄弱,很难读懂原版的专业文献,因此便开设了 ESP 课程。现在大学生的英语水平总体已有了很大幅度的提高,他们完全有能力通过词典去学习专业的信息。土木学院将以双语教学代替 ESP 课程,目的是培养学生能够更加深入地了解原汁原味的专业信息的学习,最终能够用英语流利地进行交流”(王蓓蕾,2004)。

ESP 专业英语的教学内容大多来自于双语课程的教材,而双语课程比 ESP 课程更为专业和系统。两者在教学目的上有所不同，双语课程更加注重从专业词汇和篇章分析上学习语言；ESP 主要是注重对语言内容和专业知识的理解与学习。

第六节
大学英语四、六级后 ESP 教学的迫切性

早在 1978 年 4 月召开了全国性教育工作会议，邓小平在会上讲到："考试是检查学生学习情况和教师教学效果的一种手段和重要方法，它就如同工厂检验产品的质量一样，它是保证企业生产水平的一种必要的制度。当然我们不能完全迷信考试，应把它当做是检查学习效果的一种方法。"国家教委以此为指导思想，将水平考试列入 1985 年制定的《大学英语教学大纲》中，并作为大纲贯彻实施的重要手段之一。《大学英语大纲》明确地规定："大学英语的基础阶段在各个等级教学结束时均应安排进行一定的考试。其中在四级和六级课程结束时，应按照《大学英语大纲》的要求进行全国性的统一考试。"于是大学英语的四、六级考试便于 1986 年初开始正式筹备。大学英语四、六级考试分别于 1987 年 9 月和 1989 年 1 月首次开始正式举行。四、六级考试的实施对大学英语的教学起到了一定的积极作用，其检测水平相对比较科学，同时也推动了大学英语教学大纲的进一步贯彻与执行。

国家大学英语四、六级的考试已经走过了 20 多年的路程。虽说期间问题不少，但总的来说还是对大学英语的教学与发展起到了积极的促进作用。随着高中阶段学生英语水平的提高，使得大学的大多数新生进入高校不久就能通过四级考试的要求，一些英语程度较高的学生甚至能把六级考试顺利过关。英语教育界目前所面临的这种现状，不得不就大学英语教学进行改革，但最重要的改革问题是四、六级后

的教学方向问题。现行的大学英语教学内容和教学模式已无法满足当今大学生的需要,已难于跟上时代的发展步伐。再者,由于全球的经济与发展愈加的信息化,高科技得以迅猛地发展,我国在加入世贸组织后其国际化的进程愈加快速,为此,社会各界对人才的需求也发生了很大的变化。社会对那些既懂专业知识又精通外语的高素质复合型人才尤为欢迎,这些人在跨入社会后,能直接进行国际间的工作与交流。因此,社会对人才需求的变化也意味着高等院校在课程建设与研究上也要及时地跟进,并适时调整学科间的不合理现象以顺应社会对人才的需求(夏纪梅,2005)。但究竟应朝哪个方向发展,在此我们认为国家或各大院校应及时针对四、六级后的教学问题进行探讨研究并就大学英语的教学进行一个重新的定位。在 EGP 教学的基础上大胆进行 ESP 的教学与开发,否则大学英语的教学就很难有所突破。我们相信将 ESP 课程注入大学英语的教学中会有一定的可提升的发展空间。

一、提升大学英语教学之专业地位的必然要求

大学英语课程自身具有一个重要的特征就是为其他专业学科服务,属于大学的公共基础学科。这也导致了大学英语教师的地位不高,或至少专业学科教师是这种看法。例如,就大学英语教师而言普遍存在这类问题:

(1) 大学英语课程编排难以得到优先的考虑;

(2) 大学英语教师缺乏与相关专业的学科教师进行教学交流;

(3) 大学英语教师与专业课教师相比地位低或学生评价打分较低;

(4) 大学英语教师大多缺少学校的重视与学生的尊重。

就大学英语教师而言,以上这些问题或多或少地反映出他们在高校的地位,或者可以说反映出这些教师普遍存在着自卑感,这可能是一种普遍的现象,在大多数院校,大学英语教师的地位的确都不是很高。究其原因主要是大学英语的课程设置不合理,只注重语言基础的

学习,而忽视了与专业课程的联合学习。大学英语教师不应因地位的问题而给自己产生不利的影响,而应积极接手 ESP 课程,探讨与研究 ESP 对其他专业学习的积极作用。在大学英语教师向 ESP 教师发展这一过程中,应主动地承担 ESP 教师所要求的不同角色,参与 ESP 课程教学材料的编写,依照教学大纲进行 ESP 课程的教学设计等(王艳,2010)。

另外,各个高等院校间以及不同学科间的知识与信息的相互影响与渗透,也对大学英语教师朝 ESP 教师的发展提出了新的要求,尤其是教师的知识结构。许多大学英语教师其知识结构肯定难以应对目前的 ESP 教学,仅仅拥有单一的纯语言知识,如果不去寻求新的专业发展的出路,未来的生存都会发生危机,甚至很可能会被社会所淘汰。可以这样说,当前的大学英语教师其专业发展已远远滞后于社会经济的发展。因此,大学英语应以 EGP 课程为基础转向 ESP 课程,为大学英语教师寻求一条适合他们发展的专业方向。

二、走出大学英语教师专业化困境的必然要求

大学英语教师目前受其知识结构、专业学科特点的制约,造成整个大学英语的教学效果令人不满意。大学英语教师基本上是由传统的英语语言文学等专业进行培养的,因而存在着跨学科知识结构方面的先天不足与欠缺,这是因为这些教师在学生时代其主要接受的教育是以听、说、读、写、译等语言基础技能为主的学习。

长期以来,大学英语教师几乎都处于工作的超负荷状态,这种现象可能造成许多教师暂时性地错觉,缺乏应有的专业责任感和生存危机感。当然不可否认这样一个事实,大学英语在今后一段时期内仍然是我国各类高等院校的重要基础课程之一。但是,我们应清醒地认识到大学英语的教学效果以及目前的现状远远不能应对和满足整个社会高速发展的需要,培养出来的毕业生的英语实际运用能力不强。为此,大学英语教师应积极对此进行深刻的反思,思考自己的专业方向应朝哪儿发展(吴一安等,2007)?

我们实事求是地说,大学英语的教学效果不甚理想的原因是由多方面造成的。单从教师来说只掌握语言的听、说、读、写、译的基本技能,具有较强的英语语言的综合运用能力,虽说他们也具备了一些相关的教育心理学知识和一定的教育理论及现代的教育技术,而大学英语教师最为欠缺的是其知识结构缺少跨学科的专业知识,这肯定会对大学英语的教学效果带来直接的影响。其次是大学英语教师的学历普遍偏低,加之教学任务非常繁重、教学压力大,缺少一定的时间进行学习与进修。当然也有一部分教师他们缺乏专业的危机感和发展的紧迫感, 缺少提高能力的意识与拓展专业的动力。

大学英语教师尤其是年轻教师,应该充分抓住 ESP 教学改革这一契机,使自己的知识结构得以充实与完善,努力把自己培养成为一专多能的复合型教师,以适应学生及社会的需要。大学英语教师可根据自身的条件和兴趣选择所在院校的一些专业课程,进行跟班旁听或者采取攻读第二专业学位的办法来获取专业知识。现在许多院校最缺乏的就是那些既掌握专业知识又精通英语的教师(吴一安,2005)。如果现有的大学英语教师除了精通英语外,还懂得其他的专业知识或获得其他专业学历、学位,则完全有能力胜任双语课程或 ESP 课程的教学工作,这样可大大解决 ESP 师资的问题。对于大学英语教师本人来说,这也是提高其专业水平的一个好机会。毕竟,一个教师只有在具备一专多能的知识背景下,才能在竞争激烈的教学岗位上有所建树。大学英语教师队伍中青年教师的比例很高,他们已成为英语教学的主力军,所以说青年教师的知识及背景将会在很大程度上决定大学英语的教学质量。

教师的专业化发展(teacher's professional development)是全球背景下教师教育的发展趋势,同时也是教育界广泛关注和研究的重要课题之一。所谓的教师"专业化"是指教师职业的要求和规范与社会有关,而教师的"发展"是指与教师个人的成长有关,即强调教师自身的专业提升空间。在当前大学英语教学向 ESP 教学拓展与发展的背景下,

EGP 向 ESP 课程改革所带来的最大挑战莫过于是对大学英语教师的“教师专业化”的挑战。钟启泉(2001)指出:“课程改革是否得以成功关键在于教师”。这是因为,教师是学习者的理想与现实、知识的理论与实践之间的能动转化者。因此,如何使目前的大学英语教师队伍能够具备较高的 ESP 教学理念和专业素养,应该是教育界与大学英语教师所共同追求的。大学英语教师绝不应被动地去适应 ESP 的课程,而是应积极主动地学习和研究 ESP 课程。

此外,教师的专业发展还应取决于以下两个方面:“一是外在的力量。即社会和校方对教师的专业发展所施加的影响,这是一种以组织的形式和制度化的要求给予教师的外在的压力,因为社会的发展进步使得教育也在不断地发展,其对教师的要求和期望也必须顺应社会进步所赋予的责任,这是有规划的并兼有高度的组织性。二是内在的力量。即教师自身对其专业发展的一种内在的追求,主要是指教师角色的自我转换的愿望和追随。”我们对“教师专业化”的认识就是教师的“专业自律”和“专业自主”,同时,这一认识也是促进教师专业化发展的重要概念意识。因而,大学英语教师在由 EGP 向 ESP 教师角色转换与发展的过程中,应力求从一个单纯的语言教学者转型为“专家型教师”,并应从“专家型教师”角度致力于研究 ESP 教学与实践。可以这样说,大学英语教师的专业化问题关系到大学英语课程改革的成败。

三、促进学习者全面发展的必然需求

在我国从小学生到博士生,英语主要是围绕着 EGP 即以语言基础为主线的教学来进行的,从而导致了学习者对英语学习效果的不满。任何教学都应本着“以学习者发展为本”的原则,学习者在中学期间学习英语的目标是注重语言基础的知识掌握,而忽视了英语学习的主要目的是用来满足实际的交流与交际。学习者进入大学后大多已经具备了良好的语言基本技能,在大学英语学习期间应在此基础上进行拓展课程的英语学习,能够结合自己所学的专业进行英语实用能力

方面的学习与提高,应有明确的目的性和语言的实用性要求。如果现行的大学英语的教学还停滞在 EGP 的教学上,培养出来的大学毕业生将难以适应社会的需要。因此,加强大学英语的 ESP 教学,使学习者的知识结构能够得到优化,同时最大限度地去拓展学习者的专业知识与英语语言的相融合,增强学生未来就业的竞争力,以帮助学习者实现英语语言学习的最终目标。

目前英语教育界已经充分地认识到大学生完成英语基础阶段的学习后,已为 ESP 课程的开设具备了条件。各高等院校也已开始重视和开设相关的 ESP 课程以满足学习者对于 ESP 课程的学习愿望(施敏,2000)。这种意识和做法非常重要,接下来应注意在开设 ESP 课程之前,需具体分析学习者的实际需求,且这一点同样至关重要。需求考虑主要包括两个方面,即学习者在校期间的学习需求与未来的工作需求,不同的专业学科对 ESP 课程的需求也应有所变化。因此,关注和研究学习者需求首先是制定 ESP 教学计划的基本,这是因为教育教学的目标是以学习者的意愿来达到习得的。如果一个教师他所传授的知识最终不能使学习者获得习得,那他的教学则是失败的。校方管理层应与教师一起共同对学习者进行实际的调查和认真地分析以满足不同学习者的需求,即分析哪些专业间存在着共性的需求?哪些专业间存在着个性的需求?

我国大学 ESP 的教学虽历经了起起伏伏,但是仍然具有一定的理论与实践基础。根据 ESP 课程的实用性与行业性的特点,ESP 的教学应以学习者的实际学习需要为中心制定出相应的教学内容(秦秀白,2003)。ESP 教学应本着能够使学习者获得学习和工作上的专业需求为目标,培养出的学生应具有较强的语言实际运用与交际能力,并使他们在短时间内能够胜任未来的专业工作。因此说,大学英语教师必须尽快地更新原有的教学观念与理念,进而进行相关专业的 ESP 课程的研究,改进自身的教学和方法,以学习者的发展为核心,满足社会对于人才的发展需要。

四、适应社会快速变迁的必然需求

高等院校在大学英语四、六级后，开设 ESP 课程的教学可以说是现代化社会高速发展的需要（庞继贤，1994），换句话说，社会的需求是 ESP 教学的根本驱动力，即社会的需求决定 ESP 为教学方向。任何一个学校和教师乃至任何一种教学都应迎合不同时代和社会的发展来满足其需求，随着中国的进一步改革与发展，特别是顺利加入 WTO，2008 北京奥运会，2010 上海世博会的成功举办，多方因素都促使了中国经济的快速发展与全球化。在面对世界科技一体化与多国文化多元化的大环境下，我国与国际间的交流愈加的频繁，特别是与欧美高度发达的英语语言文化国家的交往更加突出。对外经济贸易与交流已经扩大到了世界的每个角落并渗透到了不同的行业领域，诸如国家相互间的外事往来，学术界世界级的会议交流，跨国旅游业的不断发展，以及科学技术经济的大力影响，使得各行各业对精通专业知识又具备较强外语能力的复合型人才的需求大增。为此，外语语言的工具性与应用性在现代社会则是显而易见的，那些缺乏专业知识及实际应用外语的毕业生已难以适应不断发展的市场需要。

在此笔者以 Hutchinson 和 Waters（1987）就专门用途英语教学思想为引证，他们明确指出："ESP 课程应倡导以学习者为中心的思想，强调语言的学习应是学习者个人与所在社会之间的一种协调的过程"。社会的需求决定着学校对 ESP 课程教学内容的制定，这是因为社会的需求决定着对学习者外语的能力要求，它更加趋于专业化与多元化，希望毕业生能够掌握与应用与本行业相关的英语工作技能或能够直接从事具体的工作。为此，目前大多数在校的学习者对实用英语的学习抱有相当高的期望值，他们希望自己毕业后能用英语承担起与专业相关的实际的工作。因此，从社会就业市场对多才能的复合型人才的需求我们可以断定，学校的课程设置及人才培养应以既懂专业知识又具备一定英语能力的人才培养为目标（戴炜栋，2001）。

第七节
本章小结

本章首先就我国大学英语的课程现状进行了分析，并就我国高等院校现行的大学英语为什么要朝着 ESP 方向改革发展的必然性进行了阐述；对我国大学 ESP 发展的状况、课程设置与开发研究以及 ESP 的历史进行了回顾；分析了在世界范围内颇有影响的有关 ESP 教学理论的体系与分类；针对 ESP 与 EGP 之间的区别与联系及如何衔接和处理好两者的关系阐明了观点；并纵观 ESP 在我国的发展历程，就 ESP 教学与研究发展滞后的原因进行了分析与探讨。从教育发展和教师专业化理论的角度剖析了大学英语教师专业化所面临的困境与未来 ESP 发展的方向。

第三章 大学英语教师为什么要进行行动研究

第一节 ESP 课程的需要

传统的专业发展计划往往是以课程为本进行的,目的是帮助从业者提高学科和专业知识。ESP 课程改革对大学英语教师的素质提出了新的要求和期望,ESP 课程的理念在实践中的落实首先需要我们去认可和发展教师的实践性知识,关注教师的经验和教学实践,建立起教师专业发展的有效机制,促使他们参与到 ESP 课程改革的情境中,发掘自身的实践性知识并意识到自己的知识力量,最后找到自己知识的生长点和自我专业发展的空间(王艳,2010)。此外,大多数的 ESP 教师是新手,缺乏 ESP 教学的概念知识;ESP 和学术英语的概念对大学英语教师来说较为陌生;因此,大学英语教师应充分地挖掘自身的潜力,依靠自身的能力,把自我发展为 ESP 教师专业发展的最重要的模式。Jordan(1997)指出:由于 ESP 教学的不同,研究者们开始关注和研究 ESP 教师的问题。为了满足 ESP 教师的需求,在考虑课程设计或计划时,需要关注的主要领域是职前和在职的分类,并能够应付"不同学科的专业词汇";ESP 教师需要在研究方法和文本分析方面进行培训,以弥补 ESP 教师研究文本和分析阅读以及专业写作经验不足等缺憾。在设置特定的目标与特定的教学内容时,用基本原理详述教学目标,基本原理体现了学习者对社会、认知的需求意识;教师在计划

ESP 课程时，此原理可以作为一个理论指导（图 3 - 1）。

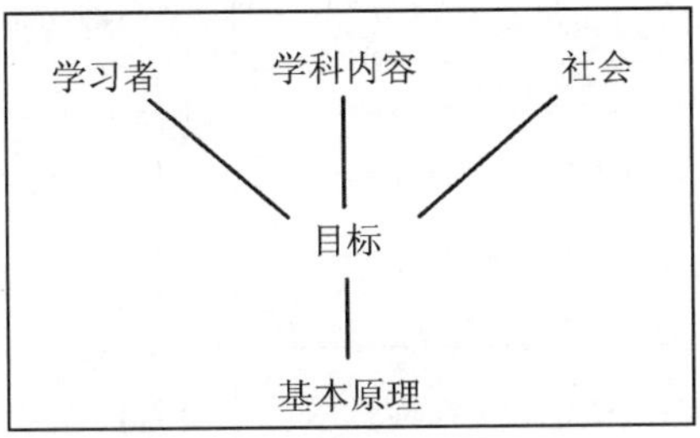

图 3 - 1　ESP 课程基本原理

资料来源：作者改绘

行动研究是实际工作者为解决自己的问题，改进实际而做的一种研究，是反省性的实际工作者专业发展的一种形式。教师研究自己的教学情境，不仅能解决实际的课程问题，并能从研究经验中获益。行动研究不仅能帮助教师解决问题，并使理论更适用，因此能融合理论和实际间的差距。Elliott（1993）认为"课程概念、模式及其产生结果的有效性和实用性，并不完全要依赖科学的验证，理论不是脱离实际加以验证后应用到教室现场，课程理论是在实际中验证的（表 3 - 1）。因此，课程发展就是教师的专业发展，甚至可以说，没有教师的专业发展，就没有课程的发展（吴宗杰，2005）"。

表 3 - 1　大学英语课程改革对大学英语教师专业性的挑战

	过去的做法	对教师专业性的挑战
教学目标多样化	教师头脑中更多的是教材意识、教参意识，眼睛盯着知识点，强调标准答案，应对统一考试	注重学生专业知识的发展，技能、情感和态度，以及价值观的全面培养与协调发展
教学模式	教师单一灌输，一言堂	更多师生互动、学生间合作学习
教学方式尊重学生个体差异	教学很难做到个性化，如果有，也仅仅是课后个别辅导	教师要研究学生的学习需求，重视学生个性化学习

续表

	过去的做法	对教师专业性的挑战
建立民主、平等的师生关系	单向式的灌输，教师权威不容挑战	教师从“知识的灌输者”变为“学生学习的协助者和引导者”，从“播音员”向“谈话节目主持人”转变
课堂教学组织形式多样化	以间接经验为主的认知性教学占据主导地位，学生由于缺乏直接经验的活动性教学支持	妥善处理认知性教学与活动性教学之间的关系，保护学生的求知欲与好奇心

资料来源：自制

教师要不断努力地认识这一观念，以提高自己的作用。另外，ESP 教师比有经验的教师更容易接受新的观念和举措。教师应积极追求更高的发展，这样才会发现自己的不足。建议大学英语教师：

（1）提高自身对学术英语 EAP 和特殊英语 ESP 方法的认识，在一般情况下，特别需要收集反馈信息；

（2）鼓励和支持不同层次的学生、学生和他们的老师、经验教师和新手教师之间的合作；

（3）改变从个人到团队的研究项目，从而大大减少项目的数量并进行监督，使教师和学生有更多的时间和机会面对面地进行“协作关系”的学习。

因此，教师需要更多的理论支撑，需要进行理论学习，之后才有利于教师自发性行动研究的实施，主要目标包括课程和课堂创新。行动研究为教师提供了学习的机会，但最好的方法是与自主学习相结合。外语教师需要在此基础上开展行动研究，不仅仅是面临 ESP 课程的挑战，也是自身专业化发展的挑战。

第二节
大学英语教师教育的需求

行动研究与学生、教师和英语教学的需求有关。ESP 教师的需求问题涉及教育的观点。这表明,在高等院校需要大学英语教师明确自己的位置,朝着 ESP 方向发展。

教师行动研究的价值与个人和专业发展有关。我国高等院校几乎所有的英语教师都毕业于英语语言和文学专业,从内行的角度来看英语教师的知识结构是很难以满足 ESP 课程的需求。且大学英语教师长期经受着教学工作的紧张、焦虑,超负荷教学,他们往往缺乏赞赏,还面临着大学英语教学改革与专业发展的挑战。面对这些问题,相关部门应敦促大学英语教师如何应对和改善他们的处境,并提出相应的策略,以缓解他们的压力和焦虑。

我国在最近两年的外语教学研讨会上,针对大学英语教师在高等教育的地位、资格、在职教育和评估政策,以及他们的社会经济状况进行了研讨,特别是就 ESP 问题和大学英语教师如何向 ESP 教师的发展问题进行了深入的讨论与研究。

一方面,教师抱怨他们的学生在英语方面的弱点,在一般情况下,经过 12 年的语言学习,学生难以以书面形式表达相关学术类英文写作;同时,教师认为学生有着积极的特点,有主见,能动性强。问题是教师没有就如何处理 ESP 教学与学习问题给出具体的建议。这责怪于教育系统,换句话说,因为缺乏学生与学生、学生与教师面对面的互动和协作以及真正的学术著作和教学环境。总体而言,广大大学英语教师中大多是有丰富经验的"新手",他们普遍存在的问题是:

(1) 并不清楚自己的角色和学生的需求,教学没有明显的意图,往往是填鸭式教学，多数学生传统地倾向于对教师的依赖；

(2) 强调结果而不注重过程，花费大量的时间在纠正表面的错误上，而缺乏对不同专业水平学生的关注和学习需求。

许多有经验的教育者认为：在当今世界快速发展的过程中，作为教师、教育工作者或课程开发者们在所面临的巨大约束的背景下撰写了大量的有关教学和学习建议。他们提到资源的严重缺乏，未受过训练的教师和监管，非常大的班级等等。许多人都建议从长远的角度建立全面的、人性化的英语教师教育体制，这是教师教育的一个基本组成部分（吴欣，2005）。

针对大学英语教师教育的特点形成了几个主要的教育观点的转变：

(1) 从教师培训到继续教育或教师发展观念的转变；

(2) 强调教师研究和以课堂为重点的转变；

(3) 强调教师作为教育变化的媒介。

第一个转变是从培训转向教师的继续教育和专业发展。在这种观点下，Lange（1990）提出了对教师发展的"总体框架"应基于21世纪发展的"特点"，教师将是"知识型的"、"高度动态和流动的"和"以人为本"的。这三方面对教师发展有着很大的影响，应高度关注。以他的经验认为，这几方面可使得教师能力、专业普遍得以提高。例如，他鼓励教师"承认"，"讲出来"，"打开心扉"，"找到平衡"。在他看来，"我们可以……积极地谈论焦虑与压力，从而充满活力去解决问题"。最后，成功教师的主要特点之一是通过对生活、教学的学习，有能力解决自己的问题。

Lange 还倡导教师必须成为教育的推动者，而不仅仅是知识的传授者，必须做到：

(1) 终身学习必须贯穿于每一个教师专业发展计划中；

(2) 实践、冒险、自主性和灵活性是教学模式发展的关键因素，秉着对学生学习负责的态度，应给他们更多的自由去尝试、验证、创新和创造；

(3) 基于专业领域的教师发展模式；

(4) 以“问题为本”、“经验共享”、“发展”、“批判”、“开放式”的方式教学。

这也是我们对待我们的学生的态度，应建立一个相互尊重和理解的学习伙伴关系，人人努力以互补的方式投入到个人和集体的学习中。

第二个转变的特点是强调教师的研究。关于语言教师教育的情况问题，教师研究的重要性分析和评价是在一个新的共同利益下相互依存的。最后，强调教师在教育变化的今天应适时调整自己的角色，无论是在宏观层面提出的建议的有效性，还是微观层面的教学实践和自己的能力，只要教师接受和顺应相互的作用，将有利于自己的教学，这意味着，教师需要有灵活性才可达到有效的创新。

在 20 世纪 70 年代和 80 年代，许多西方国家有很多关于 ESP 教师教育的辩论。Hutchinson 和 Waters 出版了《专门用途英语》(*English for Specific Purposes*)(1987)。他们的论点是以学习为中心，其中包括教师作为 ESP 的学习者。他们认为，ESP 教师“需要定位自己适应一个比较陌生的新的环境”。就定位问题，建议 ESP 教师可以从 EGP 教师向 ESP 教师转换。但需关注两个要点：① 教师需要认识“新的知识领域”；② 需要提高自己的层次。关于后一点，Hutchinson 和 Waters 提到 ESP 教师必须是有效的教育者。

Jordan(1997)回顾了 ESP 教师角色和教育的文献指出：ESP 的从业者有望成为研究者、管理者、课程设计者、材料专家、测试者、创新者、评估者以及有效的教师。在所有这些要求和责任中，他认为“灵活性”和“愿意尝试新的途径和方法”是 ESP 教学方法的核心。他补充说：无论 ESP 教师接受什么样的培训，在任何情况下，这都是最基本的。正如 Strevens(1988)所建议的，与一般英语教师相比，要成为有效的 ESP 教师需要更多的经验、培训和更多的努力。

关于 ESP 教师的争论大多是关于 ESP 教师应该知道"能够做或如何做"的问题，虽然对于这些教师的教育目标明确，但却缺少来自教师的声音（Richards, 1998）。Jordan（1997）就这一缺失进行了评论，他认为："对于教师来说，自尊和对工作的满意度至关重要，这可能是教师发展的方向和控制……"。教师要做的是对"教育的要求，反思和明锐性"，单纯地因为教师不能"忽略实际情况下进行实践"是片面的观点，这些意见使教师教育的辩论发生了思想上的转变。

为满足学术和专业的需求，提升大学英语教育的整体水平，吴一安（2007）提出了若干建议，包括培训教师、设计课程和教学方法；以及在教学研究工作中所涉及的其他事项，重点应注重以下几方面：

（1）大学英语教师的在职培训；

（2）发展英语教学科研设施和探究；

（3）关于本科层次专业教师的在职教育。

这与大学英语在我国高等教育的功能、设施情况、大学英语教师的历史以及学生和课程现状基本吻合。

第三节 ESP 教师教育的需求

自 20 世纪 80 年代以来，关于 ESP 理论与实践的许多书籍和文章相继出版与发行，其中大多是重点关注学习者的需求，但很少关注教师需求的（Johns & Dudley Evans, 1998），这是自相矛盾的。根据 Jordan（1997）的观点：在某一领域的研究，其中一个目标是了解中心的情况，重要的是能够清楚地认识到，我们必须坚持教师的发展，他们是 ESP 课程成功的关键。

ESP 是一个广阔的领域，"多元"，"千变万化"（Jordan, 1997）；因此，ESP 教学是"一个专业的挑战"，这需要"卓越的教师"。Dudley

Evans(1998)指出了两大主要挑战:(1) ESP 教学需要是以学习者为中心;(2) 在绝大多数情况下,ESP 学习者是成熟的和受过教育的成年人。

在方法论方面,这两大挑战构成了 ESP 教师所面临的问题,ESP 教师往往是文学专业毕业,这些教师对学生了解不多。为了处理这个问题,Strevens (1988)建议 ESP 教师要谦虚向学习者和他的同事学习,也就是说 ESP 教学应以团队协作工作为概念,另一个问题是如何激励 ESP 学习者,特别是激发学习者的学习动机;所以,ESP 教师面临的第三个问题是学生对课程的期望。

一般情况下,有经验的教师普遍保守,年轻教师普遍缺乏经验,但有着高度的热情和积极性。有经验的教师和年轻教师,可以一起讨论项目的思路以达到彼此间相互借鉴。当彼此教授不同专业和不同群体的学习者时,首要考虑的问题是应如何进行分组,以最大限度地从他们的学习潜能考虑并提供相应的科研环境;如何为具有良好的个人和集体的发展潜力带来变化;另外一个显著的优势是:理论 + 实践,理论和实践两个不同阶段是相互依存和相辅相成的变化过程。行动研究的理论是一个自我实现的形式,是我们创建教育、发展教育的说明和解释(郑金洲,2004)。

如果 ESP 教师只是通过自我批判的方式来改变自己的教学行为和教学观念也许并不那么“艰辛”,真正对 ESP 教师构成“艰难”的因素在于 ESP 教师的教学行为和教学观念似乎总是牵涉相关的“教学制度”(也有人称之为“社会情境”)。教师日常地生活在种种“制度”条款中,教师虽然日常地享受“制度”给他们带来的报酬和便利,但教师也日常地受“制度”的规范和约束;与生活方式包括经济生活方式和教育生活方式的“变化”、“更新”相比,“制度”总是相对的显得“保守”、“滞后”。

如何才能使研究贴近 ESP 教学,使教学本身包容研究,从而实现研究与实践之间的沟通?这是一个问题。国内外大量的实践表明,行动研究就是这样一种有效解决上述问题的教育科研方式。

总的说来,行动研究若期望有效,则不得不克服行动研究中的种种困难,比如“合作尴尬”、“制度障碍”、“系统缺失”和“教师失语”等等。有人可能因此而抱怨这样定位行动研究反而会增加行动研究的难度。确实,在行动研究容易被想象为某种“随意性问题解决”的境况中,行动研究作为一种“研究”,需要人们对它怀有必要的“敬畏感”。

ESP 教师应跨专业支持自己的实践教学,学会在工作中积极研究自己的实践,以帮助有效地了解自己,评价和发展认识以及如何影响自己与他人的工作。教师了解一些关键知识的学习将会促进自身的实践研究,反过来,这些学习收获将产生新的学习和新的实践。因此,教师个人需深刻地意识到教师的责任、赞美、反思的概念;认识到实践是核心的价值,因为只有通过学习实践,思考和表达自己的想法,才能意识到如何做出选择,创造自我,并成为自己。

第四节 为教师提供发展框架

行动研究是研究人的学习与改进的一种形式。因为,它总是与别人所做的事物相关,重点是确保如何将人引向适合教育的一种关系。Dewey(1993)说,教育的目的是引向进一步的教育,即教育是一个成长的过程,其目的是使人们持续地成长。坚持教育研究与学习,但如何做到这一点则具有深远的教育意义。

当人们采取行动研究时,他们的目标是改进他们的工作,因为他们的工作总是要与他人一起合作,其含义是人们需要改进相互间的理解,更好地一起生活与工作;所以,在这个过程中所有参与者都可以得到成长(刘良华,2002)。正如行动研究的大多数定义为:提高个人理解,如何改进社会的问题。这意味着提高个人和集体的关系——即教育的过程。因此，它没有采用合适的理论关系形式，其中一些人的行为是直接模仿别人的做法——预测和控制的经验主义理论形式的影子。教育意味着全民受教育，而教育研究的理念则意味着研究者或者教师成长的一个进程，而不是一个有经验的人告诉另一个人如何做事的过程。

科学地调查教师自己的实践。教师应采取行动研究并通过研究、学习自己的做法，进一步完善教育与实践的质量，为他人的利益寻找影响先进思维水平的方式。

行动研究提倡鼓励教师对自己的学习和研究进行描述和解释。这样做，可以找出自己行动实践中的不足，并加以改进自己的做法。这是一个非常严谨的过程，这种努力的反思实践是一个实用的理论化的形式，这可能会导致良好的社会秩序的演变。那么，教师如何能看到自身能力的潜力，如何从实践中产生自己的知识以提高自身？这可能需要各种新的占主导地位理论的理性的认可，应鼓励教师发展自己的能力与信心，认识和解释自己教育实践中的不足。这一切都需要校方管理者的支持，作为教师也必须认识到自己的潜能，发挥个人的长处。研究必须由自己来做，应清楚地认识自己的能力是由自己决定的，并可通过集体的力量来实现它。

行动研究给教师提供了机会和专业发展的框架，主要是发展教师的反省与反思的能力，使他们能检验未被论证的理论，进一步了解学校和教学的复杂性，达到提高教学质量和专业发展。

因此，行动研究是改进课程和教学，落实教育革新的手段，其主要理由有三个方面：

第一，行动研究的知识论是民主的，使教师成为教授知识的生产者，每一个人都能生产知识，能决定研究的主题和过程，使研究的过程透明化，每个参与的人员都应有贡献。

第二，行动研究是合作的，重视每个人自己的实践及影响实践的整体情境，使教师思考教师之间及其与教学专业之间的关系，打破个人主义和孤立的障碍，进一步理清理论与实践之间的关联，使课程和教学问题成为日常工作的一部分，教师从研究自己的实践中获得理念，并将自己的知识列为分析的对象。

第三，行动研究具有暂时性、连续性和循环性，是建构教师专业知识的重要过程，在研究过程中常常未强加人工的范畴，解决问题具有“灵活性”的特点，研究与实践往往具有紧密的关系。

行动研究者可能在研究过程中会遇到一些矛盾，如自己认为自己所做的及自己真正想做的两者之间存在着矛盾，则会质疑自己的意图和行动；这时教师应组织进行开放性的对话，使教学与研究成为讨论、对话、辩论的一个过程。

在教育制度中，许多知识或规则是“官僚”界定或行政安排的，而行动研究则能使教师质疑被视为理所当然的假定，能使教师整体了解学校教育和教学的、政治的、社会的、伦理的层面去发展自己的意识，并有助于教师将自己置身于整体教学情境中，进一步采取一定的行动。

Kemmis(1988)强调指出：行动研究旨在建立一个批判的社区，使教师能够系统化地批判和反思自己的行动，并加以改进和提高。它是一种解放的行动，要批判性地反省构成教育实践的、社会的、历史的条件，组成实际工作者和研究者间的合作团体，共同对抗不公平、不合理的教育形式。行动研究者要系统、具体地探讨自己的实践、理解情境，这些是反省的主体和客体，是教师改变自己的实践，以及改变自己工作的最佳途径。

在制度层面上，我认为有必要注意两个层面上的变化：教师发展和课堂教学。传统的在职培训可以帮助教师改善教学，但教师对日常的问题处理没有那么多的分析和理解。因此，教师应通过实践的检验来促进教师自身的专业发展和担负起合格的教师角色，努力成为教师研究者(Stenhouse，1985)，这样可以提高教师的专业水平。在教学水平上，相关理论上的知识有时教师可能无法应用在实践中，但教师应该是“解决问题”的一部分。很明显，教师需要对自己有更多的了解，对学生的需求、期望、动机、问题和忧虑有清楚的认识。

采取什么样的形式进行行动研究？在此，建议教师和教学发展应协同教师发起行动研究与假设，强调课程或教师专业发展计划应顺应社会变化而进行一些相应的变化，进一步理解与测试假设创新的重要性。根据已有的经验和文献资料，我们发现教师发起的协同行动研究将能够缓解 ESP 教师和学生所面临的一些制约因素。

第五节 ESP 教师进行行动研究的优势

一、促进 ESP 教师个人专业发展的意识

教师行动研究的个人和专业发展是相关的，这意味着理论与专业两方面的学习(Stenhouse，1985)。教师的发展与个人发展没有什么不同，它是自发的，自我导向的和自我评价的。没有人能为我们做……而是需要自己做(Underhill，1992)。

个人发展是自发的。这句格言已被研究和经验所验证，特别是在成人学习的情况下。意识被认为是在任何类型的学习的第一步，教师行动研究已被证明是提高和建设自我意识最有效的策略。Van Lier (1994)说道：意识是“基本原则”，是学习的起点。对一个人来说，意识是“认识论”和“价值论”(或价值)的丈量尺度。前者包括“集中注意力”和“感知的作用”，后者包括“你知道你在做什么，以及你为什么这样做”，结果是“自觉参与”和“反思”。Van Lier 解释说，一个人如果没有意识，则不能学到新的东西，意识和过去的经验有很大的关系。Stenhouse(1975)就教师行动研究发展的潜力，提出了三个主要观点：① 概念和态度意识；② 学习者意识；③ 相关发展的意识。众所周知，概念知识和信念决定了人的思维世界，以及行为和行动。当一位教师

开始进行行动研究时,他/她的概念框架和价值观已经通过早期作为学习者和教师的经验所构成;在某些情况下,这种行动研究是更有效的。

Underhill(1992)将自我意识分为三种类型:表现意识、潜在意识和发展意识。

首先涉及的问题是如何更好地了解我们对学习者、同事和我们自己"目前的行为和态度",目的是减少我们的愿望和实际做法之间的"差距";第二个问题涉及我们实现潜在的更多的"选择";三是关注我们在实践中如何进行"更好质量的选择",且循环反思可以改进目前大学英语教师从业的思想意识、态度和行为。

Underhill 提到了两种类型的问题,他以"高收益"和"低产出"进行了描述。前者为提高教师自我意识和发展潜力,是"高风险",因为他们挑战自己目前的信念和态度;后者是低的自我意识和发展潜力,是"低风险",他们不挑战"自己的现状"。Underhill 的论点是令人信服的,行动是"内在的意识和动机","结果是意识和自治的根源"。

有研究表明,教师进行行动研究的比不进行行动研究的在提高教师的自我意识方面更为有效,因此,它将影响教师个人的专业发展。例如,大学英语教师行动研究可优化教师的分析能力,并能提高他们自我发展的意识,在行动研究侧重于反思和自我评价的研究中,可促进教师个人职业价值观的形成,逐步通过自我评价和认识提高自身专业化发展,并与同行共同努力,共同提高。研究还表明,在反馈策略的刺激下,教师的自我意识能够加强教师建立自信心。McNiff(1993)认为:教师行动研究可以促成一个教师的"自我满足感"。这一观点得到教师的高度重视。

Underhill(1991)指出,反思是教师自我意识和自我发展必不可缺少的环节。他认为"反思有两个来源,即'初次'和'二次经验'";前者是教师对自己"行动和反思"的观察,后者是研究小组其他研究人员告诉教师关于对她/他的表现的看法。Underhill(1991)继续指出:"来自同事间的反馈，需要给予相应的准确，需要一定程度的信任、诚实和尊重”。这是因为良好的心理气候有利于教师的发展，特别是通过人际关系的关怀、理解和信任，大家一起面对教师发展过程的共同承诺。这样的气氛可能会帮助行动研究参与者感到足够的安全，会更诚实地对待自己与他人，少有虚假……，教师做出的反应，是愿意并努力支持他人的发展。Underhill 的“心理气候”观点是通过发现自己的潜能，提升教师的自信心。这在教师行动研究中已被证明是有效的，且远远超过了传统方式的教师发展模式，因为教师行动研究涉及个别教师的教学方式，不断吸引了他们的兴趣，挖掘他们的潜力，促进学习的质量，更重要的是教师亲自参与，能够进行更有效的探索，因而更有价值。

二、促进 ESP 教师个人发展的潜力

行动研究强调教师是教学实际的探究者，其意图是解放的，目的是增强教师的专业能力，促进个人和专业成长，增强教师对生活的感知，发展教师对研究的积极态度，进而缩短研究与实际教学之间的差距。主要具有以下几个方面的特点：

（1）以教师已经积累的基础知识为出发点。

（2）以教师课堂授课的兴趣和关注点为中心，着重于教师与学习者所关注和关心的问题。

（3）整合课堂中细微的过程，发现课堂上微妙的细节与研究的关系。

（4）在教师日常“自然”开展的课堂工作上进行研究与评估。

（5）通过研究人员和实践者的角色合作，缩短相互间的理解和行动之间的差距。

（6）通过观察、记录和分析课堂活动，加强教师的批判意识，从而有意识地提高行动研究的能力。

（7）为教师提供关于教室里实际正在发生的和为什么会发生的更有效的信息。

（8）帮助教师更好地向同事阐明教与学的过程。

（9）可以缩小理论与实践之间的差距。

教师个人和专业发展是密切相关的概念。众多研究证据表明行动研究对教师自己的学习和发展的潜力都会有影响。教师参与行动研究可以发展自己的理论和实践，这对教师的态度认识和课堂上的行为有极好的帮助。例如，大学英语教师通过参与行动研究，探索课堂的教学与活动，这表明教师开始行动了，其中包括教师的理论和实践的能力，以及对相应关系的认识。积极参与行动研究和不参与行动研究的教师表现的差异完全不同。所以，促进教师专业发展的意义是在某种程度上影响、加强、促进、扩展，或将带来更深刻的认识。增强教师的信念和价值观，这也是教师行动研究的主要贡献之一。

同样，教师行动研究对教师和学校都会产生影响，McNiff（1993）评价说“行动研究对参与者的专业发展可做出重大贡献，随之而来的‘变化’是在实践行动研究中可以促使教师态度上的变化，特别是能够增强教师的自信心；教师学会了从不同的角度去处理与教学相关的问题。”例如，从学生的角度看，最重要的是收集数据，从而使教师更好地了解教学过程对学生发展的影响。

行动研究一方面可促进教师发展的潜力，另一重要方面是教师可共享行动研究的过程与结果，教师通过一起参加研讨会、专题讨论会、简报、刊物、电子邮件等，开展一系列真正意义上的协同行动研究，这种交流与沟通促使教师追求、寻找适当的方法来实现既定的目标。同时，在个人层面上，教师想改进他们的教学方法努力成为一个更好的教师；在集体层面上，教师学会了有意识与同事分享知识，这有助于教师间的意见达成一致。目前的研究已经证实，ESP 教师的个人专业发展的潜力很大程度上与行动研究有关，教师可针对问题提出自己更好的见解，进而能够有助于教师持续的专业发展。因为语言教学是对一个问题的识别、开发、教学和学习，并通过研究的方式阐明自己的看法。没有专业的研究和课堂的经验反馈则不利于教师专业化的发展。

第六节 ESP 教师行动研究的挑战和出路

尽管教师、学习者、学校自身有优势和利益,教师行动研究像任何其他的方法一样,有其自身的挑战和难题。主要表现为两方面的挑战——学术和文化。

一、学术挑战

对于 ESP 教师的学术挑战是令人担忧的,ESP 教师希望发表他们的研究,而研究论文通常有预设的标准,行动研究的评估报告目前已被一些人批评缺乏有效性和可靠性。

提出几点建议以解决这些问题。正如我们已经看到,Nunan 提出的"灵活性",而且要听取英语教师的声音。行动研究评估报告的评估标准(McNiff,1993)有六个:反思性、连续性、合议、学习者发展、教师发展和理论建设。

ESP 教师主要是能够在学术界获得主动,加强自己的专业实践和反思。但是,就整体而言,ESP 教师应在研究 ESP 课程中学习获得专业的知识。最好以经验、会议论文及会议记录等开始,随着得到更多的信心、知识和经验,教师可以尝试向权威杂志和其他出版物撰写论文投稿。

二、文化挑战

文化挑战与学术挑战相比更具有挑战性,往往以不同的时间和形式出现。时间也许是最关键的因素,对教师行动研究有着很大的影响,它有着不同的文化内涵与尺度。例如,在不同的地区或院校计划内和计划外的研究,如坚持一个研究时间表或计划是非常困难的。复杂化的社会文化因素进一步压缩了 ESP 教师的研究时间,而 ESP 课程通常是短期和密集型的。

再者与行动研究的性质相关的是文化挑战。在许多教育组织,教师没有发言权,权力与决定是集中的。行动研究是为了改进教学,促进教师专业发展,在某些情况下是难以实现的;因为教师没有自主权和公平参与决策的权力。对于时间和空间也需要进行反思和批判性评价,否则教师行动研究可能被证明是适得其反的和有害的。

McNiff(1994)认为:行动研究具有政治性的特色。行动研究需要教师的勇气,她给出了解决教师发展过程中的“政治”性的几点建议。认为行动研究需要教师合作、参与、沟通、共事、分享和关怀,以及校长或其他一些重要领导人的参与和“共同控制”。这些都是有益的建议,但不同的人在不同的文化背景下则意味着不同的事情。因此,我们应该非常谨慎地选择行动研究的标准。

基于协作探究来探讨教育理论和教育实践之间的差异。过去的教育研究并没有告诉我们更好的教育实践,因此,行动研究可以帮助我们确定,并朝着良好的教育实践发展,无论是基于现实模式,强调单方面控制权,还是获取信息或对他人的影响。

Wallace(华莱士,1991)的格言:“实践你所倡义的。”这是基于华莱士长期作为英语教师教育的参与者所提出的。他曾报告说:“在职英语教师,他们发展的关键是要接受标准的培训。”因为,一方面,在国内院校教学与学习方法不吻合;另一方面,在国外,学术机构教学和学习方法也是不匹配的。这是不言而喻的,在教师教育课程中,教学和学习经验应以适当的方式进行反思。

第八节
本章小结

本章重点就大学英语教师为什么要进行行动研究进行了阐述，通过对 ESP 课程的需要、ESP 教师教育的问题和发展需求，以及他们所面临的挑战和摆在他们面前的选择进行了论述。回顾了 ESP 教师的需求的文献，阐明了目前大学 ESP 课程发展需要 ESP 教师的发展。教师发展不仅要有自主发展的意识，还要有钻研的意识，了解大学英语教师 ESP 发展道路上遇到的一些障碍，以及他们的潜力和不足。如何应对这些问题？作者提出了一些观点。下一章着重探讨行动研究的设计和方法。

第四章 行动研究的设计与研究方法

第一节 行动研究的方法论

行动研究的方法论原则是发现如何对问题进行理解，发现如何发展我们的能力，发现我们如何在绝望中去拥抱自我更新能力的希望。这些问题都离我们不远，是我们生活与工作的一个重要组成部分，是我们现实生活中需要选择与创建的一部分。人们在这种行动研究中试图共同将事务做得更好。

因此，关于行动研究的方法论和认识论的问题有相当大的争议。一方面行动研究作为一种方法人们可以运用到实践中去，行动研究的重点是观察人所做的行为，并进行描述；另一方面，行动研究是一个在实践中发展的方法，试图理解这一实践过程中行动的价值和行动的广泛性。有关行动研究的目的还包括研究不同成员之间的辩论，有人说，行动研究的目的是观察和描述个人的行为，并了解他们的言行举止；也有人说，行动研究的目的是要找到影响社会变革的方式，通过描述过程由个人自己对他们的教育实践进行解释（闻忠，1996）。

行动研究的方法是一项战略，它能够帮助人们解决生活中的问题，是一个行之有效的方法。它还能够帮助人们对自己所探讨的事物，说明原因，进行过程性操作。行动研究有三个主要阶段：取向，研究和报告，总结性评价和后续行动。研究的作用是直接促进教师的自我专业的学习和教学创新。

行动研究的方法意味着人们必须评估自己在做什么,需要不断地检验自己正在做的工作。研究者真的是影响了自己还是愚弄了自己？这种需要自我评价的意识,表明人们愿意对自己的思想和行动承担责任。问责制是良好的专业实践的一部分,因为研究者总是意识到对于他人的需求,因此必须要提供良好的服务,为他们提供最好的方式,并表明自己有负责任的态度和行为。教师在做行动研究时,应考虑到自己,同时要表现出自己是一个负责任的人,可以证明对个人所做的是有理有据的;行动研究可以帮助促进研究者的学习,并给予明确的判断,而研究者的工作不是在一次性的基础上,而是一个持续的经常性的实践。

“我如何提高我的工作?”这样的问题包含了社会的意图。意图是,一个人为了自己和他人的利益提高他们的工作。如果研究者个人能提高自己所做的(至少提高自己对所做工作的理解),这是一个人影响自己工作的很好机会,对自我进行批评,提高认识和准备,同时,研究者个人可能会影响和自己一起工作的人。所以,研究者还有一个目标应考虑如何更好地影响他人。没有什么不利影响的想法,大多数人都会在别人时间和空间的影响下形成自己的想法。这是知识发展的一个过程,是以新的方式向他人学习的过程,是以改造自己现有知识的学习过程。

行动研究者把学习和经验视为一个过程,与谁一起进行研究工作是要进行选择的,然而,人们的选择时常会发生冲突,所以人们之间必须要谈判和协商。这可能是非常困难的,但人们可以通过努力去理解彼此的观点。人们就行动研究的方法,常常会问这样的问题:“我该怎么做得更好？我们如何理解?”也许人们难于达成共识或和谐,但尝试建立宽容的空间进行谈判,分歧是可消除的。

行动研究不是朝着唯一的方向进行研究。从文化工作者、政府人员、艺术家、宗教人士,以及其他人那都可以学到很多的东西。然而,行动研究也是作为一种实用的方法而产生自己的生活理论,具有潜在的强大的理论关系。

虽然，行动研究像其他的学习过程一样，但在个人层面上，它始终是一个学习的过程，受到更广范围的环境影响，包括人类的互动。行动研究方法还必须要有其他人参与，因为，我们调查的实践始终是与其他人有关。当我们说我们打算改进事物，总是有一个假设，即我们对个人和社会的利益改进的目的。当评估我们的实践时，要考虑我们的做法对其他人生活的影响。当通过实践产生新的理论、新的知识，要考虑与他人的关系如何，行动研究就是一个关系发展的过程。

要检验实践是否按照我们的希望进行，要清楚我们所改进的，必须给出证据表明是由于我们的影响而使情况发生了改变。行动研究过程就是一种实践的过程，因为我们在研究过程中进行思考、评估和行动；实践是一种研究的形式，在生活中要打破界限，因为知识、兴趣和实践是一个集成体。

行动研究不仅涉及数据的收集，还要通过数据分析进行行动反思，是以数据生成的证据，加以验证（证据）并得出结论的实践形式。当我们进行报告时，不仅要提供描述活动的过程，还要就研究者的研究意图和目的及价值观加以解释。例如，如果一名研究人员帮助其他人变得更加自信，可告知他们工作的想法，彼此尊重，展示他们的信心，履行自己的价值观，使他们受到好的影响，提高工作或生活的质量。

社会进化理论可促进这些观点，行动研究不是一个抽象的理论，而是一种实践方法。这意味着理论是通过生活形式发展的，是通过相互间的交流与实践发展的。行动研究的系统思想体现了在知识创造过程中理论与实践的关系。理论对于人不是外在的，它是内在的，是与人们的生活密切相关的，个人生活总是与其他人的生活紧密相连的。知识是由人的大脑创造，个人理论的构建是个人知识和其他人的知识共同构建的。这是生活的理论——组织、教育、管理等等，教育理论包含了个人和社会潜在的关系，个人和集体学习对社会进化的影响是潜在的、无穷的。

人有能力做出自己的决定,如果人们相信自己有能力改变个人和社会,这与行动研究所强调的因素相吻合;行动研究者往往从个人的生活开始思考如何改变自己与所生活的社会,并在行动研究中担负起责任,从自己做起,与此同时尽可能地寻求他人的意见,听取外界的声音,共同改变我们的世界。作为"行动研究者"需要相互间有效的沟通,进行批判性反思,从而改进我们的工作。

第二节 行动研究法不同的程序模式

行动研究法自产生以来,其程序模式也经历了逐步完善的过程。人们除了公认行动研究法是一种扩展的螺旋式结构外,对于实施的具体步骤提出了各自不同的看法,主要有四环节(四阶段)模式。这是一个螺旋式加深的发展过程,每一个螺旋发展圈都包括计划、行动、观察、反思四个相互联系、相互依赖的基本循环阶段(图 4-1)。

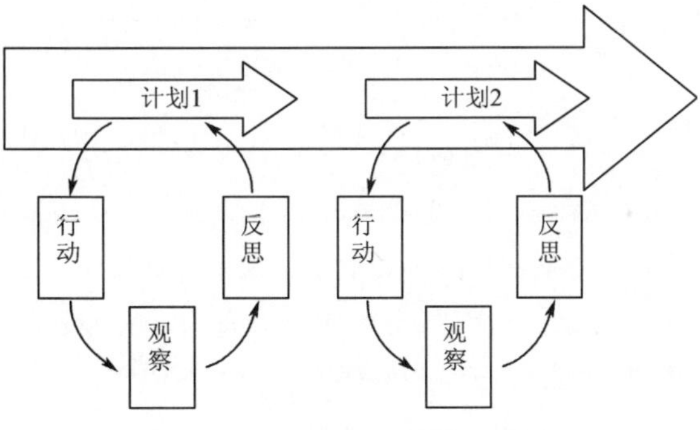

图 4-1　行动研究双循环示意图

资料来源:作者自绘

Kemmis 在 1988 年绘制了一张著名的行动研究的"螺旋表图"(图 4-2),其中包含了 Lewin 模型的基本特点。Kemmis 的模式包括诊查,制订计划,第一步行动,监测,反馈,评价和反思;然后修订总体计划,再进入第二步行动。

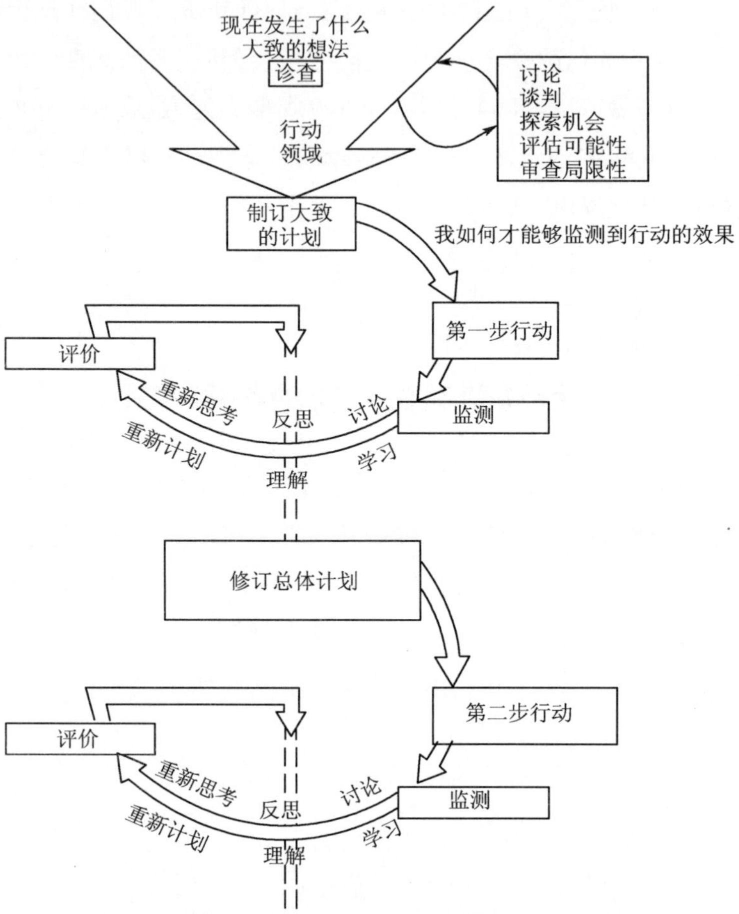

图 4－2 行动研究循环示意图

资料来源：[美]杰夫·米尔斯. 教师行动研究指南[M]. 3 版. 王本陆，潘新民，等，译. 重庆：重庆大学出版社，2010：18.

一、计划

“计划”是行动研究的第一个环节，就是形成旨在改进现状的行动蓝图。

“计划”包括三个方面的内容和要求。

首先，计划开始于解决问题的需要和设想，设想是以行动研究者对问题的认识及他们掌握的有助于解决问题的知识、方法、技术和各种条件的综合，计划需要以所发现的大量的事实和调查研究为前提。

其次，计划应包括总体设想和每一个具体行动步骤的方案，尤其是第一步、第二步行动计划。

再次，计划应该具有足够的灵活性和开放性，以能适应没有预料到的情况和没有认识到的制约因素。从这个意义上说，行动计划应该是尝试性的和暂时性的。计划所预测的行动必须是策略性的，必须考虑情境的变化及其制约因素，应该选择策略行动，以便实践者更有效、更明智、更谨慎地在更大范围内行动。下面具体介绍在制订计划这个环节中可能遇到的问题及解决问题的办法。

（一）解决问题的需要和设想

（1）为了获得初步设想，教师一定要认真考虑：教育实际的现状如何？有哪些亟待解决的问题？为了解决这些问题，我们能做些什么？

我们初步设想的起点是这样的：

· 我要改进……；
· 学习者对……不满；
· 我对……不满；
· 问题的根源在……；
· 我有个想法，想在课堂上试一试；
· 怎样才能把……应用于……；
· 在……方面我能做些什么？

（2）写出 4 个或 5 个可以施以行动的想法。

（3）按照下述标准，选择一个将要施以行动的想法：这个问题对教师和学生都是重要的；这个问题存在着进一步研究的机会；研究这个问题可以得到别人的帮助；研究这个问题是条件允许的；研究这个问题具有可行性。

（二）对即将采取行动的大致范围开展准备性调查

（1）调查的基本内容：教育情境的现状如何？为什么会是这种现

状？实施行动的机会如何？行动目标和可能性如何？怎样做才更实际？实施行动将对周围环境或其他人产生哪些影响？

（2）运用多种方式开展调查，如文献调查、专家访谈、座谈讨论、问卷、测验等。

（3）进行专题研讨，广泛听取意见。

（三）制订总的行动计划

划分行动步骤，你现在正在做些什么？试图改变什么？它们的理论基础是什么？哪些现状你不准备改变？你最可能采取的策略行动将会是怎样的形式？

（四）制订第一行动计划

内容包括：行动的具体目标；行动的依据；预期的结果；人员的安排；资料设备要求；可能的制约因素和问题等。

（五）对行动步骤的监察方法的设计

（1）监察的内容有：所实施的策略行动的过程、结果和环境条件的变化情况。

（2）信息的来源，包括教师、教育管理人员、专家、学生和家长等。

（3）监察的手段，包括日记、工作记录、事例记录、现状记录、照片、幻灯片和学生行为测验等。

（六）安排进度表（表 4－1）

表 4－1　进度表

时间	阶段性计划内容
第 1 阶段	确定研究重点，相关文献综述，拟定研究范围，进行调研
第 2 阶段	校对原始数据。分析课堂现状，初步对学习者进行访谈，对问题解决能力进行初步的调查
第 3 阶段	根据学习者与课堂需要改进教学；继续进行数据的采集；安排小组会议讨论；早期的数据分析
第 4 阶段	评估课程测试数据，完成整个阶段的数据分析；安排研究小组会议，并依据研究结果讨论和拟定行动计划；分配制定需要完成的任务

资料来源：自制

（七）制订并完成总体计划

总体计划的主要内容包括：行动研究的背景、初步想法、调查结果、行动范围等；第一行动步骤，监察方法等；第二行动步骤，反思与评价，讨论与再行动。

二、行动

行动研究的第二个环节是"行动"，即实施行动计划，就是实施计划或按照目的和计划行动。这里所说的行动是指行动者经过认真考虑的、有控制的和按计划进行的实践。在行动中，计划的执行和实施具有灵活性。实践被看做是在行动中贯彻想法，并把行动作为以后进一步发展的阶梯。行动随着研究者对问题认识的逐渐明确，以及行动过程中各种信息及时的反馈，不断吸取参与者的评价和建议，对已制订的计划可在实施中进行修改和调整，也就是说行动是在实践过程中不断调整的。

（一）熟悉计划，做好准备工作

在行动实施之前，一定要熟悉总体计划，做好一切准备工作，内容包括：确定行动步骤；核实资料；检查监察手段和设备；培训行动研究人员；保证人和物各就各位。

（二）行动实施过程的内容和要求

(1) 行动者在获得了相关背景和行动本身的信息，经过思考并有一定程度的理解后，要有目的、负责任、按计划采取行动步骤。这样的行动具有贯彻计划和接近解决问题目标的性质。

(2) 实施计划的行动要重视实际情况的变化；重视实施者对行动及背景的逐步认识；重视其他研究者、参与者的监督检查和评价建议。总之，如同计划的灵活性和开放性一样，行动本身也常常是易变的、能动的和不断调整的，这要求研究者随之为将要做什么作出决定，即随实际情况作出判断。另外，行动过程中至少有三个进展阶段：① 行动的改进阶段；② 认识的改进阶段；③ 行动所处环境的改进阶段。

三、观察

第三个环节是“观察”，观察不是一个独立的环节，而是对行动全过程、行动结果、背景以及行动者特点的观察。观察既可以是行动者本人借助于各种有效手段对本人行动的记录观察，也可以是其他人的观察。多视角的观察更有利于全面而深刻地认识行动的过程。观察是反思、调整计划及确定下一步行动的前提，是对行动过程、结果、背景以及行动者特点的考察。“观察”环节包括五个方面的内容和要求：

（一）观察需要在行动的同时进行

在行动研究中，观察是反思、修整计划及确定下一步行动的前提条件。由于行动总是受到现实制约因素的限制，而这些制约因素研究者总是不会事先就完全清楚的。

（二）观察的内容

主要内容：一是行动背景因素以及影响行动的因素。二是行动过程，包括什么人以什么方式参与了计划实施，使用了什么材料，安排了什么活动，有无意外的变化，如何排除干扰。三是行动的结果，包括预期的与非预期的，积极的和消极的。对于行动条件和制约因素、行动者情况、出现的问题等，要求做好全面详尽的记录。

同时，研究人员要注意搜集三方面的资料：① 背景资料：是分析计划设想行动有效性的基础材料；② 过程资料：是判断行动效果是不是由方案带来和怎样带来的考察依据；③ 结果资料：是分析方案带来什么样的效果的直接依据。

（三）观察应该有计划

观察计划要遵循行动研究的全面性、灵活性和开放性原则。

（四）运用各种有效技术

为了使观察系统、全面和客观，行动者和研究者应该灵活地运用各种有效的观察技术，既可以是行动者借助各种有效的手段，以及数据、资料的采集和分析技术，充分利用录像、录音等现代化手段。对本人行动的观察记录，也可以是其他人的观察记录，而且多视角的观察记录更有利于全面而深刻地认识行动的过程。

（五）观察要与思考相结合

观察过程中要认真思考：对所发生的现象有怎样深刻地认识？如何与有关人员开展讨论？如何对问题和总计划进行重新的认识？如何设想新的计划？如何预计可能的第二行动步骤？

四、反思

第四个环节是“反思”，这一环节是行动研究第一个循环周期的结束，也是从一个周期过渡到另一个循环周期的中介。“反思”就是对观察记录的现象、事实加以思考、判断、评价，并且修正计划和行动方案。

“反思”这一环节主要包括：整理与描述，评价与解释，撰写研究报告和形成修正性总计划四个方面的内容和要求，具体如下：

（一）整理与描述

该步骤就是对所观察到的现象、感受到的影响与制订计划、实施计划有关的各种现象加以整理归纳，并描述出行动研究的过程和结果。

（二）评价与解释

该步骤是对行动研究的过程和结果做出判断与评价，对有关现象和原因做出分析与解释，找出计划与结果的不一致性，从而对基本设想、总体计划和下一步行动计划判断是否需要修正，需要做哪些修正和重新构想。

（三）撰写研究报告

撰写研究报告主要包括以下内容：行动研究的初步设想从开始到现在有了什么样的变化和发展？行动的决策是怎样通过调查得到确定的？下一个行动步骤是否需要重新确定？在行动过程中是怎样进行监察的？有没有问题？是否在实践中根据实际情况改变了监察的技巧？采取行动的情境是怎样的？行动的策略是什么？在实施过程中是否发生了改变？预期的行动结果和未预期的行动结果都是怎样的？其他有关人员对情境、行动及其结果的看法是什么？有关人员在行动研究中的作用有什么变化？对于出现的问题是怎样解决的？打算怎样进一步改进实践？对于学生在教学实践中学到了什么和怎样学习及怎样想的等等问题。

（四）形成修正性的总计划

修正性的总计划包括重新确定行动研究的范围、设计出第二行动步骤和有关的监察技巧。

英国学者 McNiff 的做法也是一个螺旋上升的过程，即“计划、行动、观察、反思和重新计划”。行动研究是循环进行的，反思既是一个循环的结束，又是过渡到下一步循环的开始。在修正性计划的指引下，行动研究又开始一个新的循环，从而使行动不断得到深化，使每一件事可能转变为实现自己的潜力的过程。在教师教育方面，教师知识的发展和教师个人不断扩大意识的过程，换句话说，是合作、参与、对话和互动，这是教师在教育场景中以行动者的身份进行解决问题和了解教学与学习者的实践过程。

因此，将问题看作学习过程中不可分割的一部分，不是非自然的东西。McNiff(1992)说明其他潜在的行动研究价值：行动研究的方法并不只意味着拟定理论和实践，它还意味着随着形势的发展，理论本身需要批判性反思和理论修改。

行动研究也是以价值观开始的。作为自我反思的实践者，教师需要知道在教育行动研究中，如何证明一组条件，得出具体成果；如何显示教育的影响，使学习者的学习质量得以明显改进；如何把握教师自己的生活和工作，因此，教师要清楚自己在做什么和为什么这样做。教师可能还需要花时间清楚自己的价值观与承诺。这将是教师行动调查的一个良好开端。

有时，我们说我们相信某一事物，却不知出于何种原因，问题的核心是什么？依照我们对事物的判断，我们应该自己去体验过程。行动研究的切入点正是帮助我们能够找到解决矛盾的方法，这样，我们才可以完全按我们的价值观去探究事物。

不同的研究者关注行动研究的不同方面，有些是对研究的进程感兴趣,有些是对具体方法感兴趣。只要行动的步骤是正确的,就是好的行动研究。对行动研究的质量判断,不像舞厅跳舞或滑冰:具体步骤是在特定的顺序与预期的结果中执行的。有研究人员认为,仅关注方法和步骤是不够的,行动研究应有助于人们生活得更有意义。人们需要超越方法的表面结构,尽管这是重要的,但行动研究是在更深层次地关注人们生活的价值和意图。

第三节　日记与日志

一、日记

日记是一种个人文献,是融入了丰富的个人情感和喜好的有关事情的见解和评论。日记记录个人的观察、思考、感受和对事件的解释、说明和反思;通常是每天记或定期记,寻找事件,看自己的反应以及反应之间的联系如何。目标是使自己能够坚持记日记并鼓励同事或其他研究参与者也这样做,这是教师行动研究的记录,因为“日记”意味着高度的个人信息。行动研究工作中合理地使用日记,教师可对预计会出现的一些问题变化在日记中列出要点,并可与其他研究人员分享。日记是特别有价值的数据来源,因为它不仅记录了行动的发展,也记录了研究者思维的发展。日记还可以记录研究者在某一段时间自己看法的改变,并表明研究者是如何利用新学习的知识去创造更好的研究环境。以书面的形式记日记对于教师教育研究显得尤为重要,它作为研究发展的一种手段,使得教师研究者可进行批判性反思和评价。

日记也是非常有价值的数据来源,可作为研究的一部分资料。这些宝贵的数据来源是对研究的反应,是时间和劳动密集的资料。研究者还需要做出一些分析预测与趋势,以及拟定一份报告得出一般的结论。

日记记录了有用的信息,让我们从新的视角开始察觉到事物发生的变化,这也是教师进行行动研究的有效方法之一。行动研究是一个非常严谨的过程,它远远超出了自身的方法,记日记是一种实践形式,主要在以下方面进行记录:

（1）问题和反应;

（2）什么教训?

（3）发生了什么?

（4）什么是我一直关注的?

（5）研究进展如何?

（6）学生是否进入学习的轨道?

（7）怎样才能保持?

（8）如何听取别人的意见?

（9）共同探讨问题;

（10）教训是什么? 获取什么样的经验?

（11）质疑和控制情况;

（12）记录和注意学生的行为。

二、日志

在行动研究的过程中或行动研究告一段落后,对行动研究的过程进行记录、描写、阐释和反思,其表达方式还有研究日志、教育叙事、教育案例、教学课例和教学反思。研究日志是教师行动研究最常使用的方法,研究日志分为描述性记录和解释性记录两部分。描述性记录包括对事件的描述、对话、动作、表情等观察的记录,解释性记录包括感受、解释、思考、推测、对自己假设的反思及相关理论的思考等。

日志比较简单可行,可分别就教学日志和学生日志进行填写归类。教学日志可以包括教学中有意义的事件、个人的感受、对事情的反思等等。具体来说可以记录自己在教学和研究过程中所发现的问题、个人的困惑、个人的认识、对问题的解释和看法等。

日志主要特点
1. 日志是课堂教学的记录，教师对他们所观察的内容进行记录，并随着时间的推移对教学进行反思。
2. 日志是对教学的描述、分析和阐释的集合体。
3. 日志应抓住两个重点问题：学习者课堂表现及对教学的反馈。
4. 日志为教师提供了一个平台，可以使教师分析、评估自己的教学实践。

除了教师写教学日志外，教师还可以请学生写学习日志。学生可记录学习中的感想，提出问题和困难。教师从学生日志中可了解到自己观察不到或意识不到的问题。

研究者可以记录很多方面的资料，包括参与的观察、访谈和对话等方式收集的资料；可以随时记下自己的灵感和偶发事件，反省每天的研究过程与结果，对原始资料作解释性评论；可以对研究者自己的身份和行动研究使用的方法进行反思，增加对自我的了解；研究日志中记录的思想可以复制为理论框架，凭借这个框架可以进一步收集资料和分析资料。

日记与日志是行动研究中有用的两个部分，对“我做了什么”和“我学到了什么”进行反思，长期记日记和日志可记录下整个行动研究的过程，且可对发生的事件进行描述，是行动研究中必不可少的方法。

第四节 问 卷

问卷(questionnaires)在行动研究中被广泛应用于收集那些不能通过直接观察得到的信息资料。问卷调查还被广泛用于不同目的的研究，包括信念和态度的调查。问卷主要用来调查人们的情感、动机、态度、成就以及经历，同时，在行动研究中如想得到一个趋势的论证，也可使用问卷调查。行动研究早期阶段常用以下特定目的的问卷：

（1）预报告问卷调查的使用是调查教师的具体信念、态度和创新，目的是找出针对性和可行性是否影响教师的信念和态度。

（2）问卷调查报告评估研究的相关性和适用性的程度。

（3）兴趣问卷调查，旨在找出项目的参与者（合作或单独等）的最好的领域和贡献。

问卷调查的最大优点是方法简便、节约时间，材料也比较容易整理和统计。问卷是很有帮助的，但极难操作，因为它们可能会被滥用。问卷可得到进一步详细的资料，看在实践中是否具有价值。问卷调查的局限性在于发出的问卷常常无法全部收回，收回的问卷太少，往往会影响所取得材料的代表性。

一、问卷类型

问卷调查法也称"书面调查法"或"填表法"，是用书面形式间接搜集研究材料的一种调查手段。通过向调查者发出简明扼要的征询单（表），通过填写对有关问题的意见和建议来间接获得材料和信息的一种方法。问卷有开放式、封闭式和混合式三种形式。

（一）开放式

又称为无结构型问卷，由自由作答的问题组成。其特点是在问题的设置和安排上，没有严格的结构形式，受试者可以依据本人的意愿作自由的回答。开放式问卷一般较少作为单独的问卷进行使用，往往是在对某些问题需要作进一步深入的调查时，与封闭式问卷结合使用。

优点：可以深入广泛地收集资料，探询到某些特殊的调查对象的特殊意见，也可以获得某项研究的补充和验证资料。有时候研究者可以根据受试者的反应，形成另一个新问题，作进一步的调查，使研究者与调查对象之间形成交流，使研究更为深入。

缺点：对于文化程度不高，文字表达有一定困难的调查对象不适宜，且不易进行统计分析。

（二）封闭式

又称为结构型问卷，是把问题的答案事先加以限制。其特点是问题的设置和安排具有结构化形式，问卷中提供有限量的答案，受试者只能选择作答。

优点：由于已设置了有限的答案供受试者选择作答，因此它适用于广泛的、不同阶层的调查对象；同时易于量化和进行数据的统计处理，因此，这类问卷被普遍使用。

缺点：通过回收的问卷难以发现特殊的问题，难以获得较深入、详尽的资料。

（三）混合式

封闭式和开放式问卷的混合，通常以封闭式为主，后面加入一两个开放式问题。

二、问卷组成

一份正式的调查问卷一般包括以下三个组成部分：

第一部分：问候及填写说明——指导语。

第二部分：调查内容。问卷的主体部分，包括题目、被调者背景和调查问题（或称答案）。

第三部分：结语。

以亲切的口吻问候被调查者，介绍自己，使被调查者感到礼貌、亲切，从而拉近与他们的距离，增加回答问题的热情；简要说明调查目的、填写要求，以提高调查结果的准确性；要有消除被调查者顾虑的话，以便如实答卷；最后一般附有“谢谢、谢谢配合”的语句。

组成行动研究问卷调查注意的问题：

（1）要有标题，要设计前言；

（2）要了解被调查人的背景，并注意语言表达；

（3）要使被调查者都能找到适合自己的选项；

（4）要全面、多角度地设计问题；

（5）开放性问题应少设计一些，且应具体一些；

（6）将调查的若干问题有序地进行排列，先易后难，易于被调查者回答；

(7) 最好进行一次“预测”。

结语一般是一段短语。内容是对被调查者的合作再次表示感谢，以及关于不要漏填与复核的请求。(如你最真诚的回答是我们最大的收获！多谢合作！)

三、问卷反馈

问卷反馈是研究数据的主要来源。如录音是适当的研究和开发工具，问卷反馈是对每一个项目活动的实用性和有效性进行评价，在选择进行一个简短的问卷反馈时，可采取多种形式进行评论，可了解被调查者的立场、信仰或态度。这样形成的问卷反馈往往被证明是有效的，同事对他们的学习和其他事项的集体汇报的有个整体评价。为方便整理结果可以选择题的形式来进行定量与定性的分析；为了不影响教师的反思与批判性评价，集体反馈也可对教师进行评论。调查结果的反馈报告，应尊重客观性和公信力的意见。

问卷调查反馈的相关研究步骤和发展工具：

· 最初的个人文献阅读反馈表；

· 随机抽样的教师非正式访谈。

(1) 定位：专业活动的录音

· 反馈问卷；

· 反馈——反馈问卷；

· 项目文件(备忘录、公告和讲义等)；

· 专业注释和研究人员的录音。

(2) 研究和专业发展活动记录

· 报告问卷反馈；

· 参与者的研究记录(日记)；

· 课堂观察笔记；

· 参加会议摘要、论文等；

· 主持人会议记录；

· 项目文档。

(3) 总结性问卷反馈

· 评估和项目结束采访;

· 随后的主持人会议记录;

· 主持人及教师正式和非正式的书面沟通。

此外,形成性反馈与总结性评价是必要的,而形成性反馈与活动相关,总结性评价要看定位阶段所经历的所有活动。定向阶段形成和总结性的反馈问卷的样本,给出一个样本的反馈表。

由参与者通过总结性的反馈问卷对项目进行评估是必要的。数据部分,第一部分涵盖的价值观和信仰,用“同意”、“不同意”的格式。目的是启发第二部分,主要是“教师评价”。评估对项目的影响,在项目数据之间的限制与制约,包括“项目发起人所犯的错误”,并要求受访者阐述给出总结性的反馈意见。此外,实地考察结束时,设计一个学生的问卷调查,旨在调查学生在课堂创新的观点。

使用问卷反馈收集大家对教师的信任、反思和探索精神是普遍有效的。问卷反馈对于教师获得数据是有用的;此外,书面双向反馈策略需要参与者获得连续不断的数据分析和报告,同样,双向的口头反馈策略和问卷调查数据缺乏信任。

问卷调查结果分析通常运用比较分析、相关分析、因果分析等方法,同时利用柱状图、饼状图、折线图、散点图来形象地说明问题,效果更好。

第五节 访谈

访谈(interviews)是行动研究者与被调查对象通过口头谈话的方式来收集资料的一种科学研究方法。它是一种最古老、最普遍的资料收集方法,也是教育和社会研究科学中最重要的、最常用的调查方法之一。行动研究十分强调参与者之间的合作、协调,涉及人的心理活动和特征,涉及观念、态度和语言表达与交流,所以访谈就是一种非常有效的研究方法。访谈主要是面对面的语言交流,对访谈对象来说,不会像问卷调查那样有过多的限制或者顾虑,他可以生动具体地描述事件或现象的经过,真实、自然地陈述自己的观点和看法,同时,由于访谈具有适当解说、引导和追问的机会,因此可探讨较为复杂的问题,可获取新的、深层次的信息。另外,还可通过观察被访者的动作、表情等非言语行为,以此鉴别回答内容的真伪。采访需要考虑受访者的心理和接受度,重要的是要完善自己的采访。

这种方法的特点有二:第一,它是一种研究性的访谈,是一种有目的、有计划、有准备的谈话,而且,谈话要有非常强的针对性,始终围绕着研究的主题而进行。这与日常的谈话有很大的区别,日常的谈话是一种非正式的谈话,没有明确的目的,也不需要进行相关性的准备,而且,谈话方式也比较松散,随意性很强。第二,访谈调查是以口头提问形式来收集资料的,整个访谈过程是调查者与被调查者直接见面,并相互影响、相互作用,形成互动,而以书面提问形式来收集资料的问卷调查法却不需要调查者与被调查者的直接接触,由此而形成了各自的特点与优势。

一、访谈的技巧

由于行动研究具有灵活性、开放性等特点,对多种访谈形式的选择和运用,应根据研究的问题、目的、对象、情景和研究阶段的不同而不同,必要时可以将不同的访谈形式结合起来运用。

做好访谈前的准备工作:

(1) 选择访谈对象;

(2) 确定访谈的时间和地点;

(3) 建立良好的访谈关系;

(4) 设计访谈提纲;

(5) 充分了解和熟悉受访者的情况;

(6) 访谈内容客观,不要暗示或引导受访者。

访谈是双方直接的交流与沟通,是互动的社会交往过程。灵活运用各种技巧,保证访谈过程的顺利进行。因此,在访谈过程中,调查者可以随时观察访谈对象的反应,并根据当时的情境状况提出一些更合适的问题,或转换话题。有时,访谈对象可能表现出对某些问题的误解,调查者可以根据情况重复提问,或在允许的范围内作一些必要的解释和提示。这种灵活性不仅保证访谈的顺利进行,而且能够最大限度地收集到所需要的信息。在进行采访时,最好采取开放式的方法,开放式的问题与封闭式问题相比,可以提供更丰富的数据,否则使用问卷将更明智些。

访谈主要采取以下技巧:开始、提问、倾听、回应、记录、结束。

(一) 开始:实际访谈开始,应顺利地完成两件事——接近受访者和应对拒绝。要做到善于接近受访者,应注意称呼恰如其分;衣着干净整洁;自我介绍沉着自信;邀请访谈诚恳热情;解除疑虑自然无痕;言谈举止适合对方;轻松幽默、机智诙谐、客观实际。

(二) 提问:应注意以下问题。

(1) 提出开放性、具体性和清晰性的问题,使访谈为研究服务。

(2) 按访谈提纲由浅入深、由简入繁地问,并使问题之间衔接自然,确保谈话自然、流畅。

(3) 交谈要在轻松、友好、愉悦的气氛中进行,使受访者感到舒适、无拘束、畅所欲言。

(4) 友善交流,认真倾听讲话,做出适当回应。

(5) 灵活追问:详尽性追问、说明性追问、系统性追问、假设性追问和情感性反问、正面追问。

交谈中既要重视语言信息交流,又要重视非语言信息交流,要注意观察受访者的行为、姿势和表情。

(三) 倾听:是访谈的灵魂,是访谈者的心之所至,是心与心的交流。

(1) 访谈者要将自己的全部注意力集中于受访者,给予受访者最大的、无条件的、真诚的关注。

(2) 访谈者要主动接受和捕捉受访者提供的信息,理解语言的含义,并且积极与受访者对话,进行平等交流。

(3) 访谈者要理解受访者的情绪反应,实现情感共鸣、和谐共振。

(4) 访谈者不要随意打断受访者的发言。

(5) 访谈者要注意容忍受访者的沉默,判断原因并作出回应。

(四) 回应:在访谈过程中,访谈者要对受访者的言行做出言语或非言语的反应,即回应。自然、及时、适当的回应有益于对话关系。

访谈者要运用多种方式对受访者做出回应,以表示接受、理解。常用的方式有:认可、重复、重组、总结、自我暴露以及鼓励对方。

(五) 记录:访谈者的根本目的是从受访者的谈话中获取研究问题所需要的信息。

(1) 内容型记录,记原话和说话方式。

(2) 观察型记录,记录环境、场景、人物(衣着、肖像、神情、举止)等。

(3) 方法型记录,访谈者所用的方法以及此种方法对受访者、访谈过程和结果的影响。

(4) 内省型记录,访谈者个人因素对访谈的影响,如性别、年龄、职业、相貌、衣着、言谈举止和态度等。

二、对教师进行访谈

调查教师过去的经验、信念和价值观的历史研究方法。研究教师的生活和事业,通过深度访谈和评价教师发展计划所涉及的教师的看法进行深入采访。采访需要照顾和考虑受访者的感受,如果使用这种方法,重要的是要完善自己的采访和辅导技巧。描述作为采访的互动的过程,以达到双方进一步地沟通与理解。深入访谈的优点是建立"信任和保密",可以通过对话了解被采访者的不同观点和动机。在接受采访的情况下,"被采访者也是学习者"。深度访谈的主要缺点是采访者要根据被采访者的反应需关注整个论谈过程中的关键时刻。访谈可以通过基线研究、深入与教师进行交流，使得教师建立信心以达到双方间的信任和融洽，这是最有价值的，也是有效地降低情感对抗和诚实的反应。在访谈中还应对所需要的资料进行回顾（即发生了什么事?）。

采访的主题：

（1）个人及专业简介

（2）态度、学习和教学的经验；

（3）概念知识和方法的意识；

（4）培训/发展……；

（5）自主、合作、主动性以及反思；

（6）责任感和问责制；

（7）创新的态度；

（8）信念和团队工作的价值观 ；

（9）其他相关问题，包括提问技巧和人际关系技巧。

对教师进行的访谈是对项目的针对性和可行性提供丰富证据的来源。邀请同事交流有关研究中存在的问题；评估自己的工作和学习；反思批判地看待自己的工作，并帮助教师了解什么是好的或哪些需要改进，提高教师自己学习的积极意识并改进他们的学习方法。

三、对学生进行集体访谈

学生是教师发展项目的目标受益者，特别是在 ESP 课程方面，通过他们的观点来确定他们对课程的需求并证实课程的相关性和可行性。

在采访学生的过程中，由于教师在现场，学生不能完全自如地表达他们的意见。在这种情况下，教师应能够调整学生的反应方式，寻找适当的采访形式以适合学生。可对学生随机抽样，探测学生“真正”的需求和期望。亦可对学生教学进行磁带录制访谈。

对学生集体访谈是主要的数据来源。然而，在主要阶段，访谈可能受其他方面的限制,不可能针对每个学生进行访谈,教师可以在下班时间与学生进行电话沟通,这也成为一种弥补教师与学生缺少机会交流的做法。这种接触起着不同的作用,如:

(1) 学生可弄清教师的问卷调查;

(2) 教师可征求学生受访者的意见;

(3) 获取学生对教师研究的进展所给予的反馈,处理出现的问题。

电话沟通已被证明对研究和发展是有价值的,研究人员应对参与研究的学生进行访谈和总结性的反馈问卷。

另外,在行动研究中对学生进行集体访谈时建议可使用音频录音,无论是他们的讨论、互动,还是对话都可用于研究和开发的目的(McNiff,1988,1992)。所有的录音,有时不止一次听,同时还需要进行实地考察。在聆听的基础上,通过收集更多的数据,根据需要进行修改战略和程序,并生成假说。

随着现代科学技术的快速发展,录像设备已经越来越普及。运用录像的方式来收集科研的数据也变得越来越普遍。录像可以准确地记录声音和图像信息,可以不断地回放,容易发现和找出问题。

第六节
观　察

观察是行动研究中最常用的一种方法,可分为参与性观察与非参与性观察两类。Carr 和 Kemmis(1986)认为"参与者观察员"和"观察者参与"之间有区分的。前者是"观察者试图参与事物",实践"关注事物发展的程度和影响";后者是观察员作为一个全面的参与者。在行动研究中使用两种类型的观察,具体采用哪一类要视情况而定,应根据观察目的、研究参与者的意愿,或在特定活动中的作用,所研究问题的性质以及研究者的观点与所掌握的技术而定。观察方法是一个发现的过程和有效的了解研究过程的方法。在行动研究的各主要阶段,应计划观察每一位教师,观察的主要目的是寻找从研究项目投入到课堂的方法转移的迹象,特别是关系到ESP创新和其对课堂文化的影响。虽然教师观察的方式有限,但可提供一个无法通过其他方法获得的角度。

一、参与性观察

参与性观察被用来作为行动研究的辅助工具。参与性观察要求研究者作为正常的一员,参与到被研究的活动中去,与被研究群体的文化融为一体,在与被研究群体的自然关系中从事观察活动,这种观察通常是在被研究群体没有意识到和不设防的情况下进行的。所以,它有利于观察者观察到被研究群体的真实、自然的状况。例如,在观察计划会议上,教师讨论其合作的作用和责任以及情况(如口头报告),在行动研究研讨会的基础上,清楚行动研究的目的和作用,并给教师一些建议,采取协作和自我评价。

二、非参与性观察

非参与性观察不要求研究者作为一员参与小组的活动或承担角色。研究者是在与研究现场或研究活动保持距离的情况下进行观察,所关心的主要是被研究者或群体的行为状况,而不是通过研究者的参与去获得对被研究者的行为了解。非参与性观察的重点在于运用不引人注目的方式收集资料,有效地记录被研究者的行为,不以外部强制的手段去影响观察对象固有的精神和文化特质,避免对被研究者即活动自然发展过程的干预。

观察法的运用具有自身的优势。首先,观察法要求在被研究者的自然活动状态下进行观察,这是适合教育和教学活动的特点的,但教育和教学活动过于复杂,很难进行人为的控制,即便进行了控制,观察所得资料也会失去它在正常、自然的教育教学环境下的使用意义。在被研究者处于自然状态下所进行的观察,能够使研究者得到被研究者的真实资料;其次,与调查等其他方法相比,观察所涉及的内容更为丰富,可了解被观察者的非言语行为,如面部表情、手势、动作等。Nunan (1990)认为:观察可能是记录我们实践最好的方法。这可以通过音频或视觉手段,但最好的办法似乎是书面的形式。我们开始观察,开始记录,这是反映实践的第一步。

观察法的不足主要表现在以下几个方面:首先,观察所获得的资料往往难以量化,它通常是以定性的方法来描述事物的性质,不利于测量和计算,很难在量上加以把握;其次,观察是观察者自己在所能观察到的范围内进行的,通常有局限性;第三,因为观察的范围较小,依据这种观察所获得的研究结论也是有一定的局限性;第四,在参与性观察中,观察者置身于现场观察,可能不自觉地影响到实际情境,引起反常行为,形成非自然的结果,从而影响观察和研究的真实性。

第七节 三角测量与验证

三角测量和验证是重要的研究概念,其基本内涵是,要测定某一个点的位置和距离,不能只从一个点去观测,而至少要从两个点去观测才比较准确。它要求将来自不同角度所收集的资料置于一个更加一致的参考框架或关系中,以相互比较或对照。20 世纪 70 年代英国行动研究专家 Elliott 将之引入行动研究中,他提出行动研究者不仅是应用不同的技术去研究同一问题,而且应从不同的角度,让不同的人去分析评价同一现象、问题或解决方案;认为行动研究者观点之间的一致性和差异对行动研究的结果都极为重要。Janesick(1994)指出,“三角就是为研究者提供的启发式的工具”。他提出了不同类型的三角验证,包括“数据三角”(各种数据源的使用),“三角理论”(使用多个角度来解释单独的一组数据);“方法论的三角验证”(使用多种方法来研究一个问题)和“跨学科三角”。Jordan(1994)认为,“接近世界的方法远远超过了这三个方面,三角验证的类型可采用多种研究的方法”。

在一般情况下,三角测量、循环、同行验证,“临时”的分析和“相互研究”来指导对数据的收集和分析。“同行验证本身就是一个有意义的活动”,Hopkins(1985)和 McNiff(1988)强调研究参与者之间应相互听取意见,这样可以从同事、专家、教师三方面的角度来研究学习者的反馈并丰富具体项目研究的价值举例(表 4－2)以示说明。

表 4－2　三角测量表格示例

研究问题	数据资料		
	1	2	3
1. 有专业词汇吗?	学生的调查	专业知识测试	
2. 专业词汇量	前测	后测	教师帮助
3. 专业阅读能力	基础英语阅读	专业英语阅读	教师编制内容
4. 用于专业阅读的时间	学生自主阅读记录	小组阅读记录	教师记录

资料来源:[美]杰夫·米尔斯. 教师行动研究指南[M]. 3 版. 王本陆,潘新民,等,译. 重庆:重庆大学出版社,2010:62.

作为一个学习者,知识远远不止是认知活动,而是实践。当考虑学习者如何获取知识时,不仅只是向他们灌输知识,而是教会他们如何应用知识。

因此,教师对工作的判断不只是个人意见,教师需要做的是听取同事和验证组对自己工作的审视。行动研究的工作目的就是为他人带来最大的利益,其方法可以是“对话形式的”,这是行动研究的一个形式,教师研究或“验证”发现问题以增强教师自我行动研究的发展。

如何确保教师做出的判断是合理和正确的? 这就需要验证。验证是知识主张的过程中必不可少的一部分。首先要搞清楚以下几点:

(1) 什么是验证?

(2) 验证什么?

（3）谁来验证？

（4）如何验证？

一、什么是验证？

验证是人们同意你所说的话和对知识的主张是可信的。研究的目的是推进知识，通过应用这一知识对所进行的研究有更多的了解。验证过程不是由验证者而是由参与者来进行教育的验证，验证不是一个项目的总结性终结，而是形成性的参与，陈述是验证知识的一种有效形式。

总之，验证知识的过程超越了专制的活动，如检查是否准确执行、撰写报告的传统元素和新的对话形式，报告应是一个真实的生活展示，一个活的教育方式。

二、验证什么？

那么验证什么，如果你说，“我认为这样或那样的事发生了”，你可能会期望别人说，“证明了……”。答案是你不能证明什么，因为“证明”一词在行动研究中是不存在的。然而，你可以找到合理的证据来表明要发生的事确实真的发生了，你有理由相信自己能够较好地影响事物的发展。针对自己所做的研究要找到支持的证据，那么需要他人的审慎考虑你的主张，并同意关于你的主张的很好的理由。他们可能会同意你的主张并达成一致的意见，他们可能会建议你需要进一步收集数据研究再次来验证你的研究，或许将你的数据和标准之间紧密连接。一旦你让他人进行验证，你应诚实地表述你的观点，“我现在声明，我已经影响了这一事物，因为我对我正在做的是可以改进事物的发展，现在需其他人的认可，以表示我所说的是公正和正确的。”

产生自己工作的知识，并展示了解变革的过程。解释是如何从实践中产生自己的理论，实践和理论化的过程是一个持续的固有的不稳定的辨证参与的过程。验证个人实践的理论，涉及超越标准化的分析类别，对许多传统主义者不是一件容易的事情，有些人不喜欢参与，并拒绝承认这一知识，但现实确实需要发展自己与思考的新方式。

个人知识的主张可能是合理和有效的，但它可以不被证明是真实的，这些说法在单独的研究背景下没有某种形式的确凿证据。如果实践者声称，他们已经提高了他们的做法，需要提供支持的证据来说明在哪方面的实践得到了改进，并以什么标准。根据这些可以看出行动研究是一个严谨的探究方式，其中实践者需要系统地探讨如何改进实践和产生证据，以表明如何判断自己的实践已得到改进。

三、谁来验证？

我们选择谁来验证我们的工作？

当然，这个问题可邀请同事进行友好的批评，而不是持怀疑的态度来评论工作，应用科学的探究的态度来衡量我们的工作，我们必须确保从一开始就建立适当严谨的行动研究计划的验证这一环节。

（一）自我验证

正如我继续我的工作生活，我是我自己的严厉批评者。学会审视、假设、检查自己的思想，需要尊重他人的价值观和角度来看待问题。虽然我不同意一些人的观点，并试图说服他们以不同的思考和行动，但是我尊重他们持有自己看法的权利。

（二）同事验证

研究者本人很容易自欺欺人和对事实有错误的认识或误解，这时就需要邀请其他人来评论自己的工作和对有关知识的主张，并请他们给予诚实的反馈建议。他人验证的价值是能够对你的工作做出判断，并帮助你改进你的工作。批评是帮助研究者评估研究质量的基础，应从项目一开始就要求一个或两个人作为验证的诤友。

建议在任何行动调查研究过程中邀请一个或几个关键的同事全程参与。让他们熟悉研究，提供意见和批评，并听取他们的意见，因为研究者本人有时是看不到行动过程中一些潜在的问题，所以我们需要得到他人富有远见的新观点。

（三）验证组验证

研究期间组建 4～10 人的验证组，旨在对研究进展提供反馈。定期听取研究者研究的进度报告，并审议研究数据。虽然验证组可能不完全熟悉研究者的研究，但他们能够对研究报告的有效性做出专业性的判断，并提供重要的反馈意见。研究人员应该认真听取验证组的建议，广泛征求意见，并研究如何改进与加强，进而有效地采取下一步研究行动。

四、如何验证？

在验证过程中，应附上一份到目前为止的研究报告，报告应达到学术上的严谨，说明研究情况。应考虑如下问题：

（1）报告是否是一个对教育过程的有效描述？

（2）主张是否有证据支持？

（3）陈述的标准是否举例说明？

在行动研究中，通过验证来表明人们接受作为问责制的形式以及精益求精的专业责任。通过行动的方法来了解我们在做什么，已做了什么，其潜在的好的做法是否能转化为新的形式。虽然人类探索学科而产生具体的事实性知识，但教育领域的知识产生和传播的想法一直是人类知识的广阔舞台。

教育调查验证所表达的观点是一个导致最终对知识的理解的过程，也是一个研究者了解自己、探索、研究的过程。人从事工作，总是会在一定程度上发生冲突，而解决冲突问题是首要的。良好地解决工作中的冲突，我们就可了解和适应彼此的差异。这些想法已经成为我们行动研究思想的核心，因为行动研究并非指一种方法，它将引导人们达成和谐的思想和行动，但问题是要通过斗争来相互了解的。

因此，行动研究不是作为一种特定的途径，但可作为一个解决问题的实践形式。参与行动研究的一位教师这样说道："我终于开始接受我在沼泽地的斗争方法，这不是一条路径而是能够找到一个更好的方法"。McNiff(2000)有相同的观点，她认为：研究是关于回答问题的过程，作为它的答案本身有多少，有时是无法找到答案的，我们只是尽最大努力去做我们所的事。

第八节
自由与控制

“自由”是指为一负责的成年个体——教师和学习者，提供学习和发展的机会，并由他们自由地选择行动。同时，他们也要对自己的选择后果负责。

自由也是指在研究中，研究者与学习者知道做什么的一种责任感的明智选择。在教师教育的情况下，似乎无处不在地受到控制，同时，教师在自己的教室普遍享有相当大的自由度。教师研究的一个关键问题是要区分固有的教学/学习的设置，而教学/学习设置是受着一个特定系统或机构的人为限制和约束。前者授权，而后者则会削弱教师的工作。

成人学习者和教师如果有更多的自由他们会更积极地工作，如果自由被得以尊重，这满足了人类的基本需求，无论人们在多么贫瘠的土壤或环境中，都可以找到“自治”和“个性化”。这意味着对教师如果有过多的控制，并告诉他们该怎么做，那么教育就不再是教育；如果教师与学习者拒绝所有的约束，那么教育将同样是不可能的，因为这将会沦为一片混乱。

监控行动意味着研究者对他们自己的实践和他人实践的监督，但要注意，研究者自己不是研究其他人而是研究自己，但这牵扯到自己是如何影响他人的。怎样才能实现自己的解决方案？如何监测自己的行动？如何观察和描述发生了什么？如何评价解决方式？如何理解标准方面的数据的意义发及主张什么样的知识？

一、监控自己的行动

这需涉及研究者保持自己的思想和行动的记录，因为这是研究者的初衷和目的。在行动研究中是否实现了所设定的目标？是否需要以不同的方式行动？

监测是评估行动的一部分，可以通过研究日记的方法进行监测，系统地写下自己的活动和思考。注意强调研究过程中所发生的任何变化，还可以通过邀请他人产生的数据来监督你自己的行动。也可采取书面或口头反馈的形式，或者邀请同事来观察，并提供反馈意见。在这一点上最好是让同事或验证组来验证数据，并听取他们如何修改，为下一步的行动提出建议。

二、监控他人的行动

其他人成为你研究的参与者。你可以监督他们的行动和思想，通过邀请他们来不断研究自己，可以让他们提供日记给你。如果被调查的问题直接涉及别人，你可以就如何提高学生的学习质量，监控学生的学习，看是否在你的影响下进行学习。但要记住，应在事先获得别人的许可下，以监督他人的行动或活动。

当你监控他人，或邀请他们来监督自己，你需要检查所有的观点都是在合理的建议范围内。监控他人的行动是有益的，应从多个角度去考虑数据，以达到合理的协议与合作。

同样重要的是，对他人的研究数据进行排序。这将有助于研究者对一个正在进行的项目获取即时的反馈信息。先对初始类别进行排序，如继续深入研究时，可能需要制订和增加新的类别。

上述讨论的含义是，自由和控制都需要在一般的教育中进行，包括教师发展。我们所面临的挑战是如何在这两者之间建立适当的原则。

第九节
数据分析

“数据”(data)这一术语是指研究者从被研究者那里所获得的各种信息。包括人口学特征,如年龄、性别、种族、宗教信仰等就是一种数据;而来自于商业途径或研究者制作的测验工具的分数则是另一种数据;在口头访谈或书面调查问卷中对研究者所提问题的回答也是一种数据;教师保存的学生成绩等记录——所有这些都是研究者想在研究调查中收集的各种数据。因此,在行动研究计划阶段,研究者需要作出的重要决定就是打算收集何种数据。研究者用于收集数据的设备(如纸笔测验、调查问卷或评定量表)被称为工具。数据分析的几种方法类别,经常提到的是:理论依据、研究设计、研究目标和问题。

在行动研究方面的数据指的是系统地监测人们在做什么,以收集有关它的信息。人们通过多种方式组织数据,分析数据,并从中得出结论,与他人分享成果。目标是做出一些原创性的东西,也就是说,知道一些以前不知道的东西。为了保证结论不仅为研究者自己的意见,还要从数据分析中得到的结果来支持结论。收集大量的项目数据,不仅包括相关原始数据的活动,而且还包括各种来源的反馈意见。如果人们研究的结果并不像研究者所希望的一种情况,那么怎么能证明这种情况? 这就需要收集有关情况的数据,数据收集可以使用多种方法,诸如期刊、日记、笔记、录音和录像记录、调查、态度量表以及图片等等。如果想使用不同时代不同的数据收集方法,可以对比前后收集的数据,看看是否有变化,是否可以影响事物的发展。收集更多的数据研究者会感到是正确的,大多数研究人员是以收集更多的资料开始进行研究的。

为此,收集数据是行动研究一个非常重要的环节。行动研究的数据资料是多元的,所见、所闻、所想、所感都是资料,都要搜集且不可放过。行动研究中收集的数据主要是指发生在教师身边的事实,这些事实可能是过去已经发生过的,可能是刚刚发生的,可能是正在发生而尚未完结的。行动研究要尽可能使用第一手资料,数据的收集有多种形式,主要方法有教学日志、学生日志、录像、录音、观察记录、问卷与访谈、个案研究以及教师聊天等。非结构性观察、深入访谈、文件分析等也成为主要的数据资料来源,文件又包括日记、领域杂记、自传、随笔、心得、报告、考卷、作业、录音(影)带、照片、相机等。例如一张全校教师数据表(推知学校规模)、包括教师性别、年龄、结构、学校环境等,这些资料对解释问题或现象会有一定的启示。因此教师要拿起笔来,用心观察,随时发问,努力记录,缜密思考,行动研究由此生焉。

数据也将是以证据来验证研究者所提出的标准。数据收集的方法可以使用相同或不同的,或以前使用过的,研究人员可使用调查和访谈来收集第一组数据,可使用音频和视频、磁带录音不仅去获得人们的话语,而且还有他们的表达和肢体语言。通过分析这组数据,研究人员应该试着去证明情况是否有所改进,即使改进可能非常的小,但也能够证明研究人员自己的思考和研究的发展,这是行动研究过程中的一个组成部分。

进行数据分析有益于教师从他们的评价中形成反馈,从“收集分析”至“整个研究”在自然的循环中进行,数据应涉及一个以上的周期,并根据研究问题的性质确定研究的时间。某项研究包括的周期及其主要的阶段,其中有三个明显的阶段:方向、研究和报告,以及总结性评估。

研究人员认为数据分析在行动研究中往往是可能的、合理的,或者是真实的。反过来,在教师开展行动研究的过程中也构成了形成性评价,并以此形成终结性评价。进行数据收集、分析时需要几种类型:归纳、演绎、比较、因果关系等;数据收集可以帮助研究者确定研究问题,分析和解释数据,最后制订出一个行动计划,这是一个循环的过程(图4-3)。

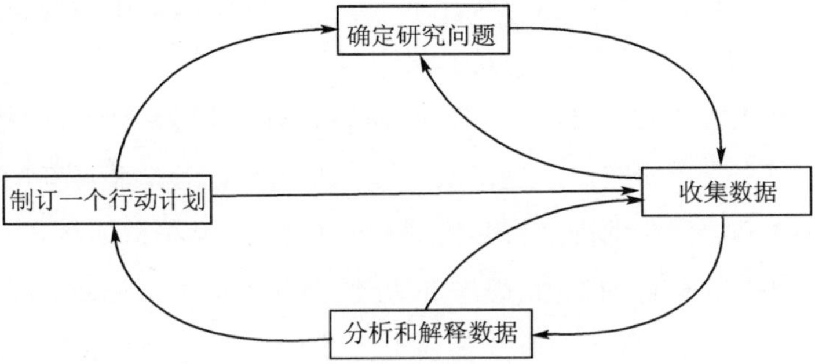

图4-3 行动研究数据示意图

资料来源:自绘

一、数据资料进行教学行为反馈说明

从"来自参与者"到"参与者的反馈"是一个基本的研究和发展战略。作定期报告,听取人们的意见,得到建设性的而非破坏性的意见,并亲自寻求验证,向前推进整个项目,这是中期分析过程的一部分。

课堂观察是有用的,Hopkins(1985)提出了反馈标准,分三个阶段进行课堂观察,其中包括"会议规划""课堂观察"和"反馈讨论"。Hopkins指出,首先应该解释来自教师观察的课堂数据。(1)适当的反馈标准是科学研究的有效途径之一;(2)反馈是基于调查研究的事实数据;(3)反馈可作为一个双向讨论的一部分。

二、对相关问题进行分类说明

目前定性研究的理论多采用广泛的方法收集某些类型的数据(如录音、采访、会议论文和日记)。系统地收集和分析数据并进行验证,通过一遍又一遍的检查"可以发现某些信息来源是不可靠的,要有选择地进行分析以达到解决研究过程中最棘手的问题"。

Huberman(1989)建议"方法的透明度"。他指出定性研究需要清晰、明确的数据和程序的报告。① 使研究者确信、验证、预计报告的结论;② 可能进行数据的二次分析;③ 研究要遵循原则,内部需要保持管理、分析的战略协调一致。并建议需要注意的几个方面:抽样、举一反三、类别结构、证明研究决定和“方法论转变”,给予参与者反馈,同行审查,听取给予本研究范围内的建议。

在研究中依靠项目设计(阶段、阶段目标、问题等)和理论概念反思的方法来指导研究。通过访谈、参与观察、日记等来验证新的假设,通过演绎方法问卷调查进行分析、归纳和比较。数据分析的过程和方法需要高度的教育洞察力、思考和决策,并从不同方面征求意见,特别是描述、分析和解释问题。作为研究过程的一部分,假设教学质量会达到什么样的程度?研究人员应清楚自己要怎样做;进行数据分析,找出问题的所在。通过观察现状,报告分析,以目标为导向的方法进行评估,并需要新的观念和自我反思作为实现这一目标的方式。

第十节 撰写行动研究报告

行动研究报告的特点是阐明解释情况,包括解释照片或录像,言语传达等形式。行动研究报告需要就个人的实践做法进行解释,就研究工作的意义、影响和更深远的教育潜力进行归纳与总结。

一、为什么要撰写形成行动研究报告

撰写研究报告是从两个角度对知识进行阐释。首先是作为一个教育工作者如何将理论运用到实践中,再者我们不断地评估了解我们的想法和他人批判的有效性,以及理论是如何运用在行动研究中的;同时与更多的人分享研究的心得与意义。

撰写研究报告的价值在于:写作的过程就是研究者明确行动研究意义的过程,在写作过程中研究者要仔细描述研究中所遇到的问题,以及解决问题的方法,对研究的行为进行反思。这使研究者对研究对

象和问题有一个更清楚的认识，也可能揭示出新的问题，从而使研究更加完善。

二、行动研究报告的结构和内容

行动研究的成果展示以及相关的研究报告的撰写一直面临两种危险：一是满足于“小故事”而导致研究报告过于“随意”而失去“研究”的规范；二是为了追求研究的“规范”而丢失了行动研究的魅力。出色的行动研究报告往往在“规范”与“故事”之间进行权衡。它既显示了行动研究的规范过程，又显示行了动研究自身的个性和特点。

在报告中，遵循公认的惯例，设置研究问题，说明研究的背景和其目前的情况，确定一个研究设计，表明如何收集数据，并设置成功的标准，使它变成证据，验证证据，并指出新的研究方向。通过文字形式表示发展的想法，常常涉及这类问题（McNiff，1993）：

· 我关注的是什么？
· 我为什么关注？
· 我想我可以做什么？
· 我该做什么？
· 我将如何能够证明我是否能更好地影响事物的发展？
· 我将如何判断对做出的任何结论是合理、公正和准确的？
· 然后，我该做什么？
· 扩大行动研究的新局面。

（一）行动研究报告的“规范格式”

就教师而言，部分教师之所以愿意做研究而不愿意撰写研究报告，主要是因为他们没有掌握撰写研究报告的基本规范和基本套路，以至于他们感到为难、退缩。对于这些教师而言，他们需要专门的关于如何撰写教育行动研究报告的训练。掌握撰写教育行动研究报告的技术并不困难，对某些教师来说，也许只需要花费少量的时间就可以掌握撰写教育行动研究报告的技巧。

教师进行研究最好先严格练习行动研究报告的经典格式，等到熟练掌握了行动研究报告的经典格式之后，再逐步自由写作、自由发挥。否则，教师很可能因为不知道如何撰写行动研究报告而丧失行动研究的信心，也可能因不知道如何撰写行动研究报告而败坏行动研究的名声。

行动研究报告虽然有多种风格，但经典的行动研究报告主要包含三个部分。一是“问题与假设”；二是“过程与方法”；三是“结果与讨论”。这三个要素实际上是教育实验研究报告的基本形式。经典的行动研究报告之所以接近实验研究报告，原因就在于：行动研究原本就是“准实验研究”。

也就是说，当行动研究者不知道如何撰写行动研究报告时，最好先阅读和参考教育实验研究报告的规范格式，然后，通过对教育实验研究的规范格式的模仿，逐步掌握撰写教育行动研究的基本要求。

（二）行动研究报告的一般形式

尽管行动研究报告的“原型”是实验研究报告，尽管行动研究报告的一般形式同样包含了“问题与假设”、“过程与方法”和“结果与讨论”三个部分，但是，行动研究报告的一般形式还是在某些细节上显示出独特的风格。

（1）研究的问题与假设

“问题与假设”这部分主要包括“问题的提出”、“简要的文献综述”和“研究的假设”等三个要素。①问题的提出。比如，研究者遇到一个问题：学生不喜欢学英语，英语成绩低下。②简短的文献综述。已有的研究对这个问题是如何解决的，已经解决到了什么程度，还有哪些有待进一步研究的问题。③研究的假设。研究者借鉴他人的研究思路，形成自己的研究计划或研究假设。比如，将传统的“听说领先”英语教学变为“听领先”的英语教学，这样做的假设是：“听领先”有利于提高学生的学习成绩和学习兴趣。于是，行动研究的主题就显示为：“‘听领先’对学生英语成绩和英语学习兴趣的影响的行动研究”。

（2）研究的过程与方法

行动研究的过程与方法包括“过程”、“方法”和“研究的工具”等三个要素。① 报告该研究的时间、地点、人物（被试）等研究“过程”。在哪个年级哪个班做的行动研究，该班级有多少男生和女生。该研究持续了多长时间。之所以需要详细地报告时间、地点和人物（被试）等“研究的过程”，是因为，研究者需要让公众相信该研究是在某个真实的地点所做的真实的研究，而不是虚构的、伪造的研究。② 解释具体的改革的“方法”，详细报告研究者采用了哪些具体的改革措施或方法。比如，在展开“‘听领先’外语教学对学生外语学习成绩和学习兴趣的影响的行动研究”这个课题研究时，研究者需要详细地解释这个“听领先”的外语教学方法有哪些具体的革新措施，它和传统的外语教学相比有哪些不同的元素。此外，研究需要报告在具体的研究过程中出现了哪些“分支”和“循环”。这些分支和循环使行动研究的过程呈现出哪几轮研究。③ 说明收集资料或解释资料的工具。研究者一般采用“试卷”的工具来测量学生的学习成绩在研究之前和研究之后所发生的变化。除了“试卷”之外，研究者也可能采用“访谈”或“问卷”的工具来检测学生的学习兴趣在研究之前和研究之后所显示的差异。

（3）研究的结果与讨论

研究的结果与讨论包含“学习成绩的变化”、“学习兴趣的变化”、“预料之外的结果”等三个要素以及对相关结果的讨论。① 学习成绩的变化。学生学习成绩的变化可以通过研究之前的考试成绩（前测）和研究之后的考试成绩（后测）的对比显示出来。为了增加解释的说服力，研究者可以利用前测和后测的数据进行多视角的分析。比如，前测与后测的“平均分”的对比分析；前测、中测与后测三次测量所显示出来的“平均分”的对比分析；前测与后测的“及格率”的对比分析；前测与后测的“优秀率”的对比分析；前测与后测的男女生成绩变化的对比分析，等等。② 学习兴趣的变化。学生学习兴趣的变化可以通过访谈或某种特制的问卷显示出来。行动研究当然可以通过测量的方式探察事物之间的“因果关系”，但是，教育领域中的人（学生、家长、教师、管理者等）的情感（比如学习兴趣）往往很难被测量。因此，可以鼓励学生在“日记”或“周记”中写下自己对于教育行动研究（教育改革）的体验和感受。然后，选择有代表性的学生感受纳入研究的结果与讨论的范围。③ 是否出现了预料之外的结果，并对预料之外的结果进行讨论。

（三）走向叙事的行动研究报告

所谓“叙事研究”，也就是由研究者本人（“我”）“叙述”自己的研究过程中所发生的一系列教育事件，包括所研究的问题是怎样提出来的；这个问题提出来后“我”是如何想方设法去解释问题的；设计好解决问题的方案后“我”在具体的解决问题的过程中又遇到了什么障碍，问题真的被解决了吗？如果问题没有被解决或没有很好地被解决，“我”后来又采取了什么新的策略，或者“我”又遭遇了什么新的问题？

当“我”这样叙述“我”在研究的过程中发生的一系列“教育事件”时，“我”在“叙述”的过程中已经在“思考”或“反思”，这也就使“我”的“经验性教学”转化为某种“反思性教学”。

尤其当研究者将学生的访谈内容或学生日记的体验纳入行动研究报告时，行动研究报告则显示出“叙事的行动研究”风格。这种研究报告使以往的“议论文”、“说明文”式的研究报告转换为某种“记叙文”式的、“散文”式的、“手记”式的、“传记”式的、口语化的叙事文本，它显得更亲近读者或听众，容易“使有类似经历的人通过认同而达到推广”。

三、行动研究报告的质量判断标准

行动研究是从“传统研究方法”到被称为“新的研究方法”的过渡。传统形式仍占据主导地位，因此，行动研究报告仍然倾向于用传统标准来判断。例如：这些标准大多是技术性的，研究表明系统的数据采集、分析和解释过程。研究报告应是在一个连贯的方式下似乎不连贯的交流过程。

然而，虽然技术标准重要，但他们是定性的，是经验的补充，诸如人们是否能从你的报告中了解相关的东西。其他标准是否可以进行协商，这些可能包括一些思考的方式：

· 你想证明你所相信的事物吗？

· 你想证明你对自己的知识主张负有责任吗？

· 你想证明你如何改变自己的思想和进行实践的，以及如何影响和教育他人的？

这些标准能够使你对研究质量的理解程度，工作关系的改善是否富有成效而做出专业性的判断。Richards(1998)建议新的行动研究报告评估标准应遵守六项原则：

(1) 对工作进行反思评判，并产生新的研究问题。

(2) 对涉及的现象进行评判，并认识其变化趋势。

(3) 参与者形成协作行动和学习，共享资源。

(4) 接受创造性实践方面不可避免的风险。

(5) 理解研究的多元化问题，接受不同的观点。

(6) 证明理论与实践之间的转变与和谐关系。

语言的标准是研究报告的基本出发点，行动研究报告需要展现人们的实际研究与体会。

McNiff(2000)认为，行动研究报告可以判断他们是否提供具有价值判断的解释，而不只是对实践的观察、描述。也就是说，行动研究报告虽然可以采用量的方式，收集必要的数据并做必要的统计分析。但一般而言，行动研究报告最好采用简单的“百分比”做简单的统计分析，然后大量采用“教育事件”、“教育故事”来描述行动研究之前和行动研究之后的变化。行动研究报告应具有创新价值，有普遍意义，且系统、规范、科学，这是判断行动研究报告是否达到要求的主要依据。

第十一节
本章小结

本章重点探讨了行动研究的设计和研究方法。开始对行动研究的方法论和不同模式进行了介绍,并讨论了所涉及的具体方法,它们包括:日记与日志、问卷与访谈、观察、自由和控制、三角测量和验证。介绍了行动研究的设计和方法,并提出讨论。根据行动研究的设计和研究的方法,侧重于主要阶段,实施具体的研究项目。并提出了研究范式和方法;讨论行动研究的原则和指导研究的价值,实现目标的策略和程序问题。最后关注的是行动研究的报告撰写方法、步骤以及原则和战略的使用。

第五章

行动研究与ESP教师专业发展

第一节

ESP 教师知识结构的特点

就教师的知识类型及其研究来分析，舒尔曼的教师知识的理论思想对后来的教师研究产生了深远的影响。通过分析最具有代表性且影响较大的教师知识分类和结构研究，我们不难发现：大量的教师知识分类及结构研究及理论主要是以舒尔曼的理论思想为基础的，不过一些研究者根据其研究方式的不同对其进行了扩展或提炼。

根据表 5－1 对教师知识的内容分类，综合大学英语教师原有的知识结构，我们可以判断出作为 ESP 教师其知识的新领域结构构成的因素：

（1）拥有丰富的英语语言学科内容知识，包括英语语言的基本知识与技能；

（2）掌握一定的 ESP 与专业学科的教学法的知识；

（3）相关专业课程的内容与知识；

（4）掌握一般性教学法以及与专业教师合作沟通的知识；

（5）了解不同学习者及其特点的知识；

（6）相关社会教育背景与情境下的知识；

（7）有关社会的教育目标与目的、价值观与哲学的知识。

表 5-1　代表性的教师知识分类研究

研究者	教师知识分类
舒尔曼 (Shulman L. S. ,1987)	1. 学科内容的知识；　2. 学科教学法的知识； 3. 课程知识；　4. 一般性教学法知识； 5. 学习者及其特点的知识；　6. 教育情境知识； 7. 有关教育目标、目的、价值观、哲学以及历史背景的知识
雷诺兹 (Reynolods M. ,1989)	1. 学科内容的知识；　2. 教学理念的知识； 3. 学生与学习的知识；　4. 课堂组织与管理知识； 5. 教学的社会政治与文化背景知识； 6. 特殊性儿童知识；　7. 课程的知识； 8. 评价的知识；　9. 学科特有的教学知识； 10. 阅读及写作的教学知识； 11. 人际沟通、协调合作的知识； 12. 教师权利与义务性知识； 13. 教学道德与伦理性知识
伯利纳 (Berliner D. C. ,1989)	1. 学科内容的知识；　2. 学科性教学法知识； 3. 一般性教学法知识
塔米里 (Tamir)	1. 学科内容知识；　2. 学科性教学法知识； 3. 一般性教学法知识；　4. 教学专业的基础； 5. 个人表现的知识；　6. 一般性知识
格罗斯曼 (Grossman P. L. ,1994)	1. 内容性知识；　2. 学习者的学习知识； 3. 一般性教学法知识；　4. 课程的知识； 5. 情境性知识；　6. 自我性知识

资料来源:改绘

ESP 教师的知识构成不但要拥有以上内容,更重要的是 ESP 教师要处理好 ESP 这个陌生的领域中的不确定的价值观,努力地在其先前的经验范围之外掌握语言和 ESP 课程的主题内容素材。接受过 EGP 培训或专门教授英语人文类的大学英语教师可能都会突然发现自己要教授的 ESP 课程是他们知之甚少或者根本不了解的内容。因此,教师除了要把自己定位在一个变换的世界里,还要清楚地认识到成为 ESP 教师自我能力的欠缺。这种现象在教师遇到专业性知识时问题会凸显出来,因而,ESP 教师非常有必要学习和掌握 ESP 教学材料中的专业课程的主题素材。

ESP 教师应首先具备多层次的知识结构,或者说 ESP 教师的知识类型最突出的是多层次知识结构。长期教授大学英语的教师在不通晓 ESP 教学内容的情况下是不会走进教室教课的,诸如不了解科技英语或商务英语的大学英语教师是难于教授这些课程的,因为这些课程的要求标准不同于大学英语课程(刘学惠,2005)。如果我们的大学英语教师想要能够胜任 ESP 的教学,应在更加宽泛的语境下考虑自己的知识结构,并积极地加以补充相关专业知识内容的欠缺。

大学英语课程向 ESP 课程发展,要使原有的教学要与相应的学科专业课程内容融合与相互渗透,不断地扩大教师知识的专业化与综合化(刘润清,1999)。使得英语语言学科与有关专业学科间的体系不再是孤立的,而是彼此间紧密联系的。教师在传授不同专业学科的知识时,需要对所教知识有一个综合性的认识,仅靠单一的学科知识是不能胜任 ESP 的教学需求的。应能够从不同专业的系统知识来驾驭教学内容,这就意味着大学英语教师向 ESP 教师发展的同时应注意自身多层次知识结构的发展。因为单一的语言知识与某一专业知识相融通不仅仅是学科知识的平面组合,而是在知识的组成上达成有一致性的目的(刘润清,1996)。即从学科间的交叉性入手,整合并形成自己新的知识构成体系。

ESP 教师如暂时不能精通其他学科的专业知识,则需要不断地努力学习,至少需要做到以下三个方面:

(1) 对 ESP 的教学内容应持有积极的态度;

(2) 具备和了解相关专业范围内的基本原理的知识;

(3) 能意识到学生已经掌握的专业知识。

这三方面可以总结为"善于有问问题的能力"。例如,当面对一台机器时,ESP 教师可能不必知道它是如何运转的,但是应该能够提出类似这样的问题:

这台机器是用来做什么用的?

这个部件名称叫什么?

为什么这个部件会以这种方式运行? 等等。

换句话说,ESP 教师不应该成为教授专业课程素材的专业老师,而应成为让学习者对专业内容感兴趣的教师。ESP 教师应以 ESP 课程来使得学习者达到一定的要求(图 5-1)。

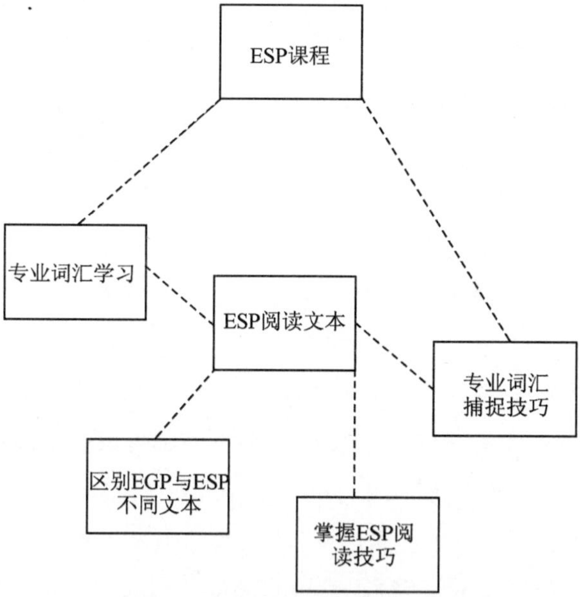

图 5-1　ESP 课程对学习者要求

资料来源:自绘

还有一点需要指出:随着学习者学习需求的变化,教师的知识不会是一成不变的。很多 ESP 教师将会惊讶地发现通过教授专业的教学材料或是通过与专业学习者进行交流,他们将渐渐会学到更多有关具体专业的知识。

总而言之，如果想在课堂上进行有意义的交流，教师和学习者之间所具备的大量知识和兴趣是至关重要的。这就不可避免地要求 ESP 教师必须掌握一定的 ESP 教材中的相关知识。然而，在以学习者为中心的教法中，这种要求不应该只理解为一种单向的活动，即只要求教师去学习高度专业化的专业主题知识（雷蕾，2005）。反之，各种因素间应该相互协调，专业课本的题材应该顾及大学英语教师现有的知识结构，同时，要帮助教师获得一定的专业知识。最为重要的是需要消除专业知识的神秘感，使大学英语教师建立起 ESP 教师的自信去接受 ESP 课程。

第二节
由 EGP 向 ESP 教师角色转换

ESP 方面的教学将是 21 世纪英语教学的重要发展的趋势（刘润清，1996）。ESP 教学将是我国今后大学英语教学与改革的主要发展方向（蔡基刚，2004），ESP 也必将成为大学英语教师的专业知识与发展的新方向。EGP 的教学重点将逐渐地、有计划地由高等院校转入中学阶段进行教育学习，而大学英语的教学重心与发展也将逐渐地转向 ESP 的方向。在大学英语这一重要的转型期，大学英语教师的知识结构正面临着前所未有的挑战与发展的机会，因此，大学英语教师应积极地应对并对自身的现有的知识结构进行更为清楚地梳理与认识，了解并结合自己所在院校的其他专业课程，去探寻适合自身的专业发展方向并作出认识与知识上必要的调整（夏纪梅，2002）。

大学英语教师由 EGP 向 ESP 教师角色发展具有以下几方面的特点：

（1）ESP 教师的专业知识结构需进行相应的调整与补充，以弥补 EGP 教师在专业知识方面的欠缺，加强 ESP 教学的技能与技巧，充分理解社会的发展所带来的英语语言教学上的变化。

（2）ESP 教师角色的要求与大学英语教师角色的要求略有不同性，EGP 教师应以自己原有的语言和教学为基础，积极主动地在 ESP 教学领域中去寻求自我的发展，并对专业发展要有“自我的意识”，决不能被动地不自觉地补缺自身知识的不足。

（3）在 ESP 的教学过程中，应针对不同的专业知识内容发展自身的专业素养，树立正确的态度而不断地学习，并要有终身学习的意识与主张。

（4）ESP 的教学目的和课堂管理的方式有所不同，EGP 教师长期从事的是基础语言的教学，重点是以听、说、读、写、译为中心教学内容，同时强调教学如何能保证学生顺利地通过大学英语的四、六级考试。而 ESP 的教学目的与目标是满足不同类专业学习者的学习需要，因此，EGP 教师应适应 ESP 课程学习者的需求，适时进行必要的沟通与理解。

（5）ESP 教师的专业发展方式主要是以其他的专业知识学习为主，并要进行一定的专业课程的培训。EGP 教师应本着自我知识更新的意识去追求发展成为 ESP 教师，针对自己专业知识的不足，不断地、持续地寻求发展机会以达到专业进一步的提升。

ESP 教师的知识、素质、能力和具体的发展方向长期以来就是语言教学与研究所探究的中心课题（卫乃兴，周俊英，1994）。对于 ESP 教师的专业发展问题早就有专家提出了其必要性与紧迫性，国内外都创立了有关 ESP 领域的学术杂志以及研究结构。早在 20 世纪 80 年代初，针对 ESP 教师的专业发展及培养问题世界各国的专家就曾进行过热烈的研究与探讨。其中最富有代表性及影响的专家是 Hutchinson，Jordan 等著名学者。他们认为：“ESP 教师的最为关键的素质是其自身要具有一定的灵活性，即灵活地主动地从 EGP 教师向 ESP 教师转型；同时要具有一定的适应性，即适应不同群体或专业的学习者的不同的学习需求（Hutchinson，1998；Jordan，1997）。”在国内，蔡基刚等教师对 ESP 教师的培养方式有过重要的研究与论述，在教学方法上他们则强调重点是针对性地进行 ESP 的教学。

大学英语教师在由 EGP 向 ESP 教学与发展的新环境下，不可避免地面临着新知识的学习和对新学科的挑战。ESP 教师比 EGP 教师在各个方面的要求更高，Hutchinson 和 Waters 认为：一个 ESP 教师自身扮演着不同的角色，除了最基本的语言教学外，还要根据学习者的不同需求，进行 ESP 与专业课程的设计与教材的编写，并要进行必要的教学评估。可以说，ESP 教师比 EGP 教师更需要具备一定的综合教学与研究的能力，需承担起作为一个研究者、管理者和评估者的职责。所以，EGP 教师要以正确的态度积极转变观念，主动地对自身的知识结构进行不断地调整，努力向 ESP 教师专业化方向发展。

再者，ESP 教师的教学质量问题是目前 ESP 教学与发展亟需要解决的问题。根据 ESP 的教学变化，广大的大学英语教师应首先认识到由 EGP 向 ESP 教师角色的转型是今后的必然趋势，应正视现实与事实，积极主动地转换角色。EGP 教师与 ESP 教师的工作实践的方法有所不同，教师应在公共语言的教学语境下来看待 ESP 的教学，这一点不仅有利于教师的角色转换，同样也适用于教学材料的制定与教学法的应用。同时，ESP 教师不能只期望以语言学和心理学的理论来寻找所遇到的问题的答案，应从一系列实践中选择性地提炼和总结出哪种方法最适合于某一特殊情境下的教学。这就需要教师具有开明的理念和一定怀疑主义精神（叶澜，2001）。ESP 教师需要用较为健全的英语语言与教学发展的理论来指导 ESP 的教学，事实上，所有的 ESP 教师都应是构建 ESP 课程领域的开拓者。

ESP 教师的专业发展内容将充实和提高 EGP 教师的专业素养。概括地说 ESP 教师应具备以下三方面的素质：

（1）能教——即将英语学科知识与其他专业知识相结合，整合为 ESP 课程的知识与专业技能；

（2）会教——即将教育学和心理学的专业知识运用于 ESP 的教

学中,走教学的技术路线;

（3）愿教——即 ESP 教师要有意识地培养自身的专业教育教学的精神,有高尚的师德。当然,ESP 教师除了应具备最基本的知识与素养外,还应对 ESP 的课程发展与教学变化形成一种“专业化的理念”(钟启泉,2001),即将 ESP 的教学视为自己今后的专业发展方向,最终成功地从 EGP 教师转型为 ESP 教师。

第三节 ESP 教师专业化的制度建设

教师专业化是指教师在整个职业生涯中,通过专门训练和终身学习,逐步习得教育专业的知识与技能并在教育专业实践中不断提高自身的从教素质,从而成为一名合格的专业教育工作者的过程(张正东,李少伶,2003)。

学校实现超常发展的关键在教师,它要求教师应具有良好的素质和较高的专业水平;应掌握一定的教育理论,具有一定的实践能力;应树立终生学习的理念,并能持续发展专业能力和不断提高教师专业化的水平。一所学校的成功,来自于教师的能力和他们的精神,而这种能力与精神并非全部来自职前培养,学校的现实环境才是培植、巩固和不断发展它们的重要场所。在这种背景下,重新发现教师,重视教师的专业化发展,促进教师专业化成长是学校管理者重要而神圣的职责。

教师是课程的执行者,也是课程的创建者,同时教师自身也是课程资源的一部分。随着新一轮大学英语课程改革的推进,教师的专业化成长成为一个日益受到关注的问题。实施大学 ESP 拓展课程以来,我们感受最深的是现行的教师管理制度不能有效地实现教师的专业化成长,教师专业发展滞后影响了大学英语课程改革推进的力度。长期以来，大学英语教师专业成长依赖于学校的强制行为与外部压力，让教师感受不到工作与学习的乐趣，缺乏创造性心理的觉醒意识（贾爱武，2005）。基于这样的认识，促进教师专业化成长的行动研究旨在通过开展引领、解放、指导、激励的行动研究，弥合理论与实践的鸿沟，提升教师的专业化水平，改进课堂教学，提高课程执行能力。近年来，国内学术界提出了许多有关教师继续教育和专业成长的新理念，如“反思性教学”、“学习型学校”、“研究型教师”、“校本培训”等，我们认为，在学校建立教育行动研究机制，鼓励教师开展教育行动研究，是这些理念真正落实到基层学校和教师、促进教师专业成长的一个值得重视的整体解决方案（贾爱武，2003）。行动研究有助于提高教师专业化水平，有助于学习共同体的构建，有助于大学英语课程改革的推进与深化。

完善 ESP 教师专业化进程是培养 ESP 教师的重要举措，应在以下几方面加以重点建设：

（1）建立完善的 ESP 教学专业化标准体系。ESP 教师以英语语言知识为基础还需要具备相关的专业知识和一定的教学经验，我们可以从语言学的角度进行分析，ESP 教学本身是以英语为基础的，它是为其他学科的专业服务的一门课程，仍属于英语语言教学的一个分支，只是在不同学科专业的范围内成为英语语言的一种变体而已，为此 ESP 教师应熟练地掌握英语语言，努力学习相应的专业知识，这包括 ESP 教学的不同的学科专业领域，例如工程、商务、物流、金融、新闻、机械、医学、管理等学科，在一定的条件下结合教师任职资格对 ESP 教师的专业知识进行评估。同时，ESP 教师应掌握相应专业的教学方法，可通过各种培训来培养 ESP 教师的教学与专业能力。培训可灵活地采用多种多样的形式，诸如 ESP 课程研修班和学科专业教师的研讨会等。ESP 教学的专业标准的建立既可以有效地提高 ESP 教师的教学质量，同时也可以衡量 ESP 教师专业化程度的高低。ESP 专业化标准还应根据 ESP 课程的发展而不断地进行修正。

（2）建立相应的 ESP 教师任职资格的制度。目前，在中国还没有建立和形成真正意义上的 ESP 教师任职资格的标准，ESP 的课程也还未形成一定的体系，ESP 的课程基本上是由大学英语教师在初步地学习一些相关专业的知识就进行教学了。笔者在此建议国家相关部门应制定标准的 ESP 教师任职资格制度，可采取现有的教师资格认证的考试方法来组织 ESP 教师任职资格的考试，并在各高等院校进行尝试，建立 ESP 教师任职的条件和规定。当然关于 ESP 教师资格任职的制度，我们可以借鉴世界上其他国家的成功经验来指导我们这方面的工作。比如，澳大利亚的 ESP 教师其丰富的专业知识经验和行业教育的经验是 ESP 教师主要的任职资格标准。如果是教授市场营销的 ESP 教师，要求一定要有从事过外贸或市场业务的经验，或至少接受过这方面知识的培训。

（3）建立 ESP 教师的专业实践体系。ESP 教师应根据不同专业领域的课程需求主动地组织 ESP 课程的教学材料，与学科专业教师一起探讨研究并共同编写 ESP 教材，在某一时段的教学结束后进行一定的教学评估，ESP 教师还就教学管理进行实践。

第四节

教师 ESP 自主发展意识的涵养

对于教师来说，如果要使自己的知识与观念不过时，就要不断地发展与提高自我。教师的专业发展是教师为提升其专业的水准与专业的表现进行的活动与学习的历程，是经过自我的抉择来满足社会的需要，并以此来促进其专业的成长和改进其教学效果，最终提高学生学习的效能。为此应增强大学英语教师自我专业发展的信心，激发他们建构 ESP 课程教学的热情，促使英语教师教育和教学研究朝向 ESP 的方向发展。Nunan（1992）曾指出：“真正意义上好的教学效果不能降低到技术的层面,而是来自于教师对专业知识的自身认同(identity)和完善(integrity)。”

从以上两位学者对教师专业发展的观点来看,其中“自我”两个词最为关键。的确,教师的专业自我发展意识是其发展的根本动力。这是因为“自我”的意识意味着教师本人不仅能够把握住自己与外部间的关系,而且能够把自身的发展看作为自己认识和自觉实践的对象,这样人便可以构建起自己的内部世界。只有达到这样的水平,人才会在完全意义上成为自己发展的主体。教育家叶澜(1991)也曾就此观点进行了高度的概括,她认为“教师独立的自我意识和自我控制能力的形成,是将个体对自身的发展与影响提高到了一种自觉自愿的水平,这是一种质的变化,不是强弱或大小的变化。”

同时,随着 ESP 教学的不断发展,ESP 教师在具备了专业自我发展意识的基础上,应不断地跟上 ESP 发展的动态过程,以顺应大学英语教学改革的变化与需要。所以,大学英语教师只要有了强烈的自我发展的意识,就一定会自觉自愿地寻求自我发展的手段和措施,从而去实现不断地超越自我、提升自我的价值、获得一定的专业满足感而达到 ESP 有效的教学目标。

正如教育研究者 Jordan(1997)所说:“……学会教学则是一个贯穿于整个教师生涯的必经过程,不论我们教师的教育计划曾做了什么,也不论我们做得有多么的出色,充其量我们也只是为教师的前期教学做了些准备的工作。因此,教师教育的工作者必须有责任来帮助那些未来的教师,将所学的教学计划的安排与技能知识来进行内化与吸收,以便他们在研究教学时能够更加擅长于教学,也就是说,要帮助教师对其个人的专业发展赋予一定的责任感。”

我们需要在我们自己的意识中有信心,学习始终是由个人进行的,这是一个知识积累的过程,是什么已经在我们的脑海里,我们应通过学习的过程,严格审视我们的意识,然后发展和提炼知识。发展和提炼过程是通过实践实现的,通过实践来验证知识存在的价值(李红,

2001)。我们需要知道,理解实践是正确的,实践是植根于我们个人的学习经验中的。

我们还需要知道,我们一直与其他同事一起工作,这是不可逃避的。个人的知识、实践应与他人分享,并对他人产生影响。知识的发展和使用成为一个社会的过程,应根据个人和我们的同伴确定一个问题,确定适合自己的方式,提炼和塑造知识。尊重他人的意见,沟通交流和共享知识,然后发展其社会知识(高战荣,2008)。知识是人们得以完善发展的方式,有了知识的发展与完善则可进一步指导我们的工作。

那么,如何发展我们的工作?需要做什么呢?

(1)遵守道德是研究团队取得成功至关重要的一点;

(2)研究报告应包括对发生的事情准确的描述;

(3)研究小组的工作是一个学习的过程;

(4)教师研究人员不仅应观察和记录学生的学习行为和风格,而且还要关注自己的教学行为和风格;

(5)研究中的错误应随时进行纠正;

(6)教师评估/评价应考虑对课堂教学的研究;

(7)学科带头人在教师研究的成功与失败中发挥着重要的作用;

(8)如果对一些问题不确定,应努力钻研与调查;

(9)与研究团队的合作应贯彻到整个研究过程中;

(10)承诺——承诺是行动研究者的中心特点,意味着研究者尽可能地改善工作(McNiff,1994)。

大学英语教师需要提高自己对课程改革的意识,还需要认识到自己工作的背景与性质。大学英语课程改革需要探索自己的思想和研究,进一步如何改变自己以及如何处理新知识的学习,这一切肯定都是不容易的。然而,经验是完全可以积累的,广大的大学英语教师应努力创建自己的知识,创造自己的生活使之转化成教学改革的能量和勇气。

第五节
教师合作教学共同体的创设

鉴于整个组织合作发展的观点,个人间如何能够携手合作,共创自己的社会,整个组织的发展如何加强这并不难于想象,只要每个人都能承担自己实践的一个方面,将个人和他人所调查的问题共同分享并带入实践中进行研究,与他人形成一个研究集体。这个集体可以系统地评价某一个人的做法,或者将问题聚集起来进行讨论,以明白如何提高自己的认识和改进现状,充分体现相互间的协作和个性化。大多社会和集体发展都是沿着这种路线在走。

教师发展的关键通常都有一个共同的目的——发展个人和集体。教师发展合作方法要求:

(1)"教师间相互批判的机制"和"探索理论与实践"。

(2)什么是我们中最好的……

(3)教师和学生可以一起探讨有关他们的工作项目的情况。

通过行动研究促进教师发展这一方法,重要的是可以提供给教师验证行动研究的过程,其中包括同行验证与评价。这一点很重要,所有成员都有自己的声音,通过研究讨论并达成共识。这一概念被广泛运用在行动研究的研究项目中。

朱迪思·利特尔(Judith Little)提出了有关教师专业发展的四个要素:

(1)教师之间的相互联系、尊重与合作;

(2)对教师之间合作的计划进行多样化管理的机构;

(3)给教师提供继续学习的机会,而这种机会是以问题为中心的、涉及经验运用的、正当的和连续性的;

(4)教师及管理机构互相对计划的效果进行评价。

学校改革是以教学的创造为核心展开的，而推进教学创造的基础则在于建构教师间的相互切磋教学、相互学习的“同事性”（collegiality）。可以说，这种做法是从内部推进学校改革的必要条件与前提，最终在学校形成作为创造教学的专家而共同成长的“同事性”。但是，严重的问题是无论哪一所学校，这种“同事性”都非常得淡薄。表现为学校内研修的形式化，缺乏一定的魅力，或者是教师间缺乏一定的凝聚力，而造成和妨碍这种“同事性”形成的障碍是教师和学科之间的隔阂（钟启泉，2001）。

协同教学能够促进教师对教学的探究和学习，同时保障教师能够自律地开展创造性和持续性地进行专业化发展。首先应倡导教师集体的持续性的合作研究，真诚地、执著地去琢磨课堂中所出现的现实问题，而不应以抽象的理论而争论不休。其次，应倡导与学科专业的研究人员相合作，作为“学习共同体”的学校是教师与专家共同学习的场所。

ESP 课程最重要的一个特征就是为其他学科专业服务的科目。如果教师对特定类型的专业语言不熟悉，去应对他们并不熟悉的专业知识，肯定将难于胜任 ESP 课程的教学。ESP 教学中英语语言的基本知识与相关的专业知识有着密切的关系，通常情况下，ESP 学习者的最大困难并非单纯的专业知识或英语知识的缺乏，而是难于有机地将这两种知识结合起来，并作到一定的融会贯通。因此，为了满足不同学习者的特定需求，ESP 教师应当积极主动地与专业教师进行合作并需保持一定的亲密合作的关系。事实上，ESP 教师可能在与专业教师的合作过程中，对各自的动机有怀疑态度肯定是常见的，这种关系可能是不太容易处理好的关系，但应遵循在很大程度上相互间的有效性取决于对对方的把持。ESP 教师与专业教师之间最为重要的是他们的合作应是一个双向的过程，通常是 ESP 教师会要求专业教师参与 ESP 的课程教学并给予其一定的帮助，在专业课教师的帮助之下，通过对学生需求的分析，专业课教师能够帮助 ESP 教师对学生的目标情景(target situation)有足够的认识;应不断地熟悉相关的专业词汇,学习专业的知识;并对相关学科的发展与现状有一个大概的了解,这样将有助于 ESP 教师比较清楚地了解学生在 ESP 课程学习时已经具备了哪些专业知识。同时,ESP 教师能使专业教师更多地意识到学习者所面对的语言问题,学习者则应从语言或专业知识的角度来实施学习的进程。在专业教师的协助下,ESP 教师还可针对 ESP 的教学内容进行选择,确定教学大纲,设计教学活动。这就要求两方教师能够同时努力去创建一个共同的、和谐的工作环境;其中任何一方都应听取对方的反馈意见。因此 ESP 课程的教师只有以语言和人文学科中的知识背景与专业知识相结合,他们才可能找到自己的位置。因此,教师间的相互合作的过程实际上就是教师自身能力发展的过程,在合作教学中大学英语教师应该是最大的受益者。

团队发展与集体参与的概念对教师来说特别具有挑战性,因为他们可能需要制定新的思维方式和工作方式,以及新的自我认知,这可能与传统的观念相左。教师可能需要就管理班级和如何管理而改变他们的观点。在传统模式下,教师往往管理着学习者。他们如何做,这是个人的风格,而在行动研究中,教师则要就合适的学习条件进行安排,安排组织结构、流程和资源,鼓励学习者进行个人学习。当在组织环境中的个别学习变成了集体学习,这就可以被称为合作学习了。

教师如何做到这一点是很重要的。传统意义的教师往往对集体的力量漠然置之,直接操作和发号施令,安排学习者学习。在行动研究中,教师也成为学习者,与支持他们的人共同学习,虽然调查的焦点表明他们对事物的关注,要履行各自不同的职责。如果教师不愿意承认自己是学习者,他们可能会否认行动研究的合作原则。

例如,在英国实行学习伙伴关系的类型之一,被称为"合作开发",这是以人本主义心理学的价值观为基础,培养教师培训与发展,这一做法需要高度的尊重、支持与诚信。因此,这种做法无论是短期和长期都有益于英语教师的发展。Hopkins(1985)指出,教师可能出于个人原因,既不能够也不愿意与他人进行合作研究。他还认为,教师行动研究不一定要"关注变化"。在他看来,"描述一个特定的教室的情景学习,学习群体,甚至是一个学习者进行行动研究也是值得的"。Nunan(1992)补充说:"行动研究是很少没有导致某种变化的研究"。

教师行动研究的合作是非常可取的。已被证明教师间相互合作对于一个教师和学校的发展有着重要的影响,特别是在教师专业化发展过程中,其他人的帮助是不可或缺的。教师通过对研究的探讨与共享,会对他们的做法进行反思,这个反思过程是通过个人的思考和对别人的见解进行理解迫使自己的想法向前推进到自己不能达到的一个水平(Nunan,1992),即教师行动研究成员间是相互作用及促进反思的。反思被看做是个人和社会的性质,在个人层面上,反思涉及自己的问题,这源于理解和发展的需要,是一个自我的发展互动过程。反思也具有社会性质,教师专业发展通过协同合作共同研究问题、解决问题和分享成果。

大学英语教师特别需要这些准则来指导自己的工作,由于他们普遍存在紧张、焦虑、缺乏自信等问题。他们需要"专业互动",这就意味着合作与参与,意味着参与的方式,专业互动暗示着合议。McNiff(1993)指出,"人们可以合作,强调这种合作的意思是一起建立一个远景,发展和繁荣。学校的价值在于开发和支持共同寻求改善所有教师的专业知识。专业互动似乎是一个最佳的方法,如果我们有一些有关的互动,教师的研究与教学能力都可得以提高与改进"。

第六节
ESP 教师培训体系的完善

对教师的培养和教学专业的改革必须从阐述其专业知识的基础开始,最终形成以该知识为专业支撑的一种手段(李进,2009)。为了能够尽快胜任 ESP 的教学工作，EGP 教师应在任职之前接受短期的相关 ESP 课程培训，这可能是解决当前 ESP 教师短缺的有效途径之一。培训主要包括专业语言培训（language training）和专业培训（professional training）两个方面，这是 ESP 教师提高其专业语言的知识技能和对专业知识基本内容的了解。在培训中，应做到扬长避短，学习并具备所教专业的知识结构，并应经常有意识地根据学科的发展及学习者群体的变化来充实和提高自己的专业知识，在这期间需大量阅读和学习所涉及的专业知识，不断地扩大阅读的范围，以获取更多的知识信息，提高自身的教学水平。

开展院校与企业间的双向互动性培训项目。可聘请企业的专家来学校讲课或派教师到企业进行培训为主要的方式。ESP 教师应参加一些专业技能的培训，并结合 ESP 课程的特点进行有针对性的培训。另外，同行间的交流同样也可以促进 ESP 教学与科研的发展，交流可采取多样化的方式，诸如 2010 年 1 月国家创立了《中国 ESP 研究》学术期刊，为 ESP 的科研成果提供了发表平台。如再能建立一个全国性的 ESP 教学网站，就可为广大教师提供一个网上交流的平台了。还可由一定的组织举办 ESP 研讨会，这样教师们可进行面对面的进行交流。

目前，在我国有关 ESP 教师的培训还非常滞后，未真正形成体系。因此，现阶段要求 ESP 教师能够积极发挥更多的主动性和创造性，去寻找和挖掘本学校可利用的各种教学资源，可采取与专业教师合作共同开发课程，旁听学习相关专业的主干课程；参加相应级别的职业资格的认证考试，如果 ESP 教师能够通过社会上的职业资格认证考试，这将对他们从事 ESP 的教学大有帮助。ESP 教师还应经常阅读相关专业的报纸杂志，关注其行业的动态，与从业者和其他专业教师及学生经常进行沟通与交流。总之，ESP 教师对教师角色的多层次的要求应有清楚的认识，这也是成为合格的 ESP 教师的必备条件。

与此同时应建立校本培训的机制，“校本”（school-based）培训是我国教师教育的一个重要途径之一,以此来加强教师间的交流。校本培训在狭义上主要是指教师的在职训练,在广义上包括教师的职前培养。ESP 教学与发展的方向赋予了大学英语教师与专业教师参与 ESP 课程的开发和课程管理的权力,教师是 ESP 课程开发的主体,应在学校的范围内,开展校本 ESP 教学与研究、校本 ESP 教师培训(张建文,2002)。教师的校本培训是教师发展的一个重要的环节,长期从事大学英语教学的教师们如果不经过任何培训(包括校本培训),就投入到 ESP 的教学中,肯定是困难重重,相当一部分教师可能会不适应,因为,他们自己并没有相关的专业知识背景,这样将会导致 ESP 教师的教学积极性。因此,进行相关的专业知识培训对这些教师是非常有必要的。

校本培训可以通过不同的阶段和形式来进行。主要阶段重点包括这两个方面:

(1) 确定目的需要。任何培训的意向首先是来自于学校的教学与研究的需求,大学 ESP 课程的开设,使学校管理部门认为有必要提高 ESP 教师的教学能力,应相应地采取或实施有针对性的培训方式。

(2) 主体目的培训。通过培训大学英语教师即 EGP 教师与相关的学科专业教师共同备课,针对 ESP 课程教学的难点和特点,选择适当的教学方法,设计 ESP 的教学模式。

ESP 教师培训还可以通过一定的课题研究、教师间的合作教学、相互观摩与交流、不同形式的短训班、研讨会等形式来完成。通过研究 ESP 课程的背景和发展,着重培养 ESP 教师的素质与教学的能力。

提高 ESP 教师的专业素质而进行专门的培训工作则有利于 ESP 教学的开展。各高等院校可因地制宜,因专业制宜,把 ESP 教师培训纳入到学校的正常工作中,使教师的培训与教学的工作有机地结合起来。采取适合本校的教学与培训内容,并根据各自学校的实际需要而不断地作出相应的调整与补充(周燕,2005)。同时可借鉴国外先进的 ESP 的教学经验,摸索并建立起符合自身学校的办学宗旨和学科专业特色的系统化的 ESP 教师培训机制，并逐步地完善专业化的 ESP 教师的培养体系。另外，加强国际间的交流与合作也是培养 ESP 教师的重要途径之一，ESP 的教学应学习国外先进的教育理念以达到培养国际化的英语综合应用的人才，有条件的院校也可有计划地将教师派往国外的教育机构进行一定的培训，使其回国后能够尽快地适应 ESP 的教学工作。

第七节 本章小结

大学英语教师的前途将迈向 ESP 时代（蔡基刚，2010）。我国现有的大学 ESP 课程不是历史的产物要逐渐地被淘汰，而是要勇敢地走出目前的困境，明确 ESP 课程的正确定位，逐步地发展成为今后大学英语教学的主流。我国著名的语言学家刘润清（1996）在《21 世纪的英语教学——记英国的一项调查》一文中指出："未来的英语语言的学习不应再是单纯的英语语言知识的学习"，"将来的英语方面的教学会越来越多地与某一专业课程的知识或某一学科进行结合，ESP 教学将成为 21 世纪的英语教学的主流。"目前我国的外语人才的培养方法、培养途径、培养规模和培养质量等方面都还远远不能满足于社会的各种需要。ESP 的教学与实践的重要性在许多院校还未得到充分的认识，在教学实践的过程中，所给予 ESP 教学的重视程度也远远不够。有学者提出，我国目前的 ESP 教学与研究其实是处于起步的阶段；同时，ESP 课程并未作为一门稳定的、系统的课程在高校开设，且存在着 ESP 教材的不完善、专门的 ESP 教师队伍的缺乏，许多的教师与研究者对 ESP 课程的基本内涵和外延缺少足够的认识等问题（陆伟成，2009）。总的来说，ESP 的教学效果与国外相比差距甚远。

ESP 课程教学的改革需要多方作出一种新的努力，随着 ESP 教学在我国的全面展开，教学双方和各级教学管理人员应根据自己的理解和感觉进行 ESP 方面的大量实践，力争缩小教学理论与实践、教育的研究者与教育的实践者之间的鸿沟，关注教师作为 ESP 教学改革的主体的重要性，并在 ESP 课程的设置、教材的选编、教学与管理及方法上提出新的要求。我们应充分地认识到 ESP 课程的开设不只是对学生，更是对教师提出了更高的要求。不管是专业教师还是基础英语教师，都要努力加强自己专业和语言知识的学习，并且把这种学习看作是一种终身的学习。

重点论述了大学英语教师将如何从大学英语语言教师向 ESP 教师发展转型，提出了 ESP 教师专业发展的途径和专业化举措；建议大学英语教师应积极主动地由 EGP 向 ESP 教师角色转换；提出教师自身要有自主发展的意识，寻求教师群体作为探究共同体即合作教学方法。另根据 ESP 教学的特点，其中最基本的要求是 ESP 教师应具备教学所涉及的专业知识，因此，大学英语教师应具备跨学科的知识，必须与专业教师进行合作教学，并应该是 ESP 课程教材的设计者与参与者。最后论述了大学英语教师应发展以 ESP 教学为中心的教学思想，对自己现有的知识结构进行重新的认识并加以调整，努力追求 ESP 的教学内容和教学方法以达到和适应 ESP 教师新角色的要求，努力向 ESP 教师角色成功转换与发展。

第六章

ESP教师行动研究实践与创新

第一节 ESP 教师行动研究实践与专业化发展

教师的专业成长是教育事业持续发展和教师个人持续发展的关键,教师的专业成长是否健康和顺利直接影响着教育的发展和教师个人的职业生涯。作为教学一线的教师,在今天信息高速传播和扩散的社会中,可以通过诸多渠道很容易地获取先进的教育与教学理念,但这种理念和自己的教学实践两者之间往往存在着脱节的状况。在这种情况下,行动研究就为教师的专业成长构建了一座理论与实践相互渗透的桥梁,且教师个体内在的具体体验与外在的较为抽象的理论就可以在行动研究的范式中得以融合,久而久之,便能促进教师的专业成长。研究发现,教师行动研究和教师发展具有相互作用,教师通过行动研究在不同的相互关联的水平上有助于教师专业化的发展,包括个人的、专业的、团体的和职业共同体,这为教师的专业发展提供了坚实的基础。

行动研究主要的发展背景是实践和方法的改进。也许最明显的发展是跨学科与专业行动研究的迅速扩展,行动研究已经超越了它最初的研究领域。它在教育领域已经是主要的研究方法,行动研究的参与者可以是理论家、受教育的成年人、年轻人、工作场所的从业人员、社会参与者、专业人士等,换句话说,人人都可参与行动研究。

Dewey(1938)认为,教育是一个过程,从而导致个人和社会共同利益的学习。我们相信 Dewey 崇尚个人自由和社会价值的体现,鼓励人们学习思考如何在自身专业发展方面得以提高。

一、行动研究与专业学习

目前我国教师的专业化程度教育还处于举步维艰阶段,与世界其他国家的教师专业化程度相比还有一定的差距。具体表现在以下几个方面:

(1) 专业化意识不强;

(2) 专业化能力薄弱;

(3) 专业化知识陈旧;

(4) 专业化研究不足。

行动研究以正式和非正式的形式用于许多专业学习背景下的研究。行动开始于问题"如何提高我的工作?"这种观点与传统的职业教育形式完全不同,传统形式往往采取培训的形式,通常的做法是请一个公认的专家给学习者提供建议,较常用的形式是制订专业学习计划,专业人士具有良好的专业知识,有能力指导学习者学习。他们给学习者在专业学习方面提供所需要的适当的支持,帮助学习者产生新的知识;而新知识的获得最有效的方式是通过与同样有兴趣的人在学习过程中通过对话而产生。对话始终是一个平等的对话,没有人告诉另一个人做什么,彼此间共享价值、相互学习。

在教师行动研究方面,个人和专业发展是密切相互关联的,并且意味着是一个学习的过程。主要表现在三个方面:

(1) 教师行动研究发展观念和态度意识方面的潜力;

(2) 教师行动研究在发展学习/学习者意识方面的潜力;

(3) 教师行动研究在发展相关意识方面的潜力。

众所周知,观念和信念决定着人们如何看待世界,决定着人们的行为方式和活动。当一名教师着手进行一项研究时,其观念和价值观受早期学习和经历的影响;如以传统的研究方式则很难改变教师的观念,但教师如采取行动研究的方式却很容易转变教师的观念。这是因为行动研究是教师自己研究自己的教学实践,在这一过程中,教师参与研究,对学习者的学习意识、课堂行为,通过时间和空间的关系有了更深的理解。教师进行行动研究在个人专业化发展方面具有更大的潜力。

笔者在许多文献资料中发现,就教师专业发展的理论意识、自我意识、学习者意识、学习意识等有影响力的研究结果。例如,Elliott(1991)和 Kemmis(1993)的研究都是以行动研究为中心,鼓励和督促教师采取行动研究来促进教师专业化发展的。

教师理性的意识可能在某种程度上会影响教师本人——增强、削弱、改善、扩展或获得更清楚的意识,从而,挑战教师的信念和价值观是教师行动研究的一个主要问题。

通过教学创新来促进教师的专业化发展。重点是教师在行动研究中的具体实践,当然,其中包括学习者和教学的发展之间的相互作用。人们已经发现教师行动研究可以促进不同教师的相互关联的发展水平,包括个人、专业和团体,行动研究方法为教师专业持续发展提供坚实的基础。

改进工作方法是学习新的方式和理念。这是专业学习的一个过程,无论是对刚刚开始教师职业生涯还是已在教育战线工作多年的富有经验的教师,不断学习是教师这一职业的生命。

行动研究以教师专业发展为计划,以学习者的工作为出发点。假设你已经了解很多,也许你的知识是直观的,或只能大致地起作用,但你仍然可通过行动研究去寻找自己的答案。在行动研究过程中,你并不需要一个教练或听你想法的朋友来作为支持者,而是与他们共同探索研究。这种共同促进的模式意味着行动研究的实践是一个学习的过程,也是一个平等对话的过程。当然,作为一个有效的支持者意味着发展高层次的人际交往能力,灵敏度和智慧。而这些技能只有通过行动研究的实践才可得到发展。

二、专业发展评估与鉴定

现行的评估越来越与专业的特点相接近,增量学习的想法也越来越多地被接受,人们在以前的学习基础上,在新的环境下开发和转化以往的实践。人们期望将他们的技能和知识能够转换为工作要求的更高层次的专业知识。现行的形成性评估监控这种专业性的渐进,允许从业者进行评估和做出适当的修改行动。

评价也是专业发展计划的一部分,行动研究为人们提供了一个新的关注点使人们能够一起快乐地学习,使得人与人之间的社会关系有所改变。传统的评价被看作为一名管理者的责任,由管理者来判断有关人员的专业水平和能力。行动研究是一种个人进行自我评价的形式,也是通过创建环境来进行合作者间的批评与对话,在这种情景中,参与是最重要的工作过程,所有参与者都可以平等地学习。行动要求开始于个人的问题——“我如何改进我的工作?”当要求与他人分享,人们希望参与——可能通过批评,或决定做同样的事情,或为新的要求提供新的想法——那么问题变化为“如何改进我们的工作?”评估促进了工作场所人们协作学习的环境,这里举例说明形成性评价与总结性评价的特征(表6-1)。

表6-1 形成性评价和总结性评价的特征

	形成性评价	总结性评价
目的	在教学过程中予以监督和指导	在教学结束时判断教学成功与否
评估时间	在教学过程中	在教学结束时
评估方法	非正式观察,问卷反馈	正式测验,学期论文
对评估信息的使用	在教学实践过程中改进教学	对总的行动过程成功与否予以评判,形成行动研究报告

资料来源:自制

总结性评价和后续行动,在这一阶段的研究目标是:

·通过调查参与者的意见,评估研究项目已经达到什么样的程度?是什么原因能够或不能满足研究参与者的需求;

· 对项目的成功或失败的程度，调查研究参与者的意见，发现主要的制约因素；

· 制订下一步的行动计划，对教师行动研究和教师进行问卷调查，研究人员的行动计划和他们的建议是否可在实践中实施。

进行总结性评价行动研究有助于教师专业发展，并可证明教师是如何扩大自己的专业知识。内容是多样的，主要包括以下几方面：

(1) 进行总结性评价行动研究可以帮助教师检查自己的实践，看工作是否与自己的期望一样。通过评估与评价可以证明教师的研究方向正确与否？

(2) 建立一个系统的评估体系。如果你是一位主持人，应证明你是如何以你的组织形式来支持学习的，陈述为什么会出现这种情况，并可提供证据来表明你的进步。要听取别人的声音，如何与他人共同学习、改进和提高。

(3) 识别评判或标准，与其他人对自己所做的研究进行质量上的判断。

第二节　ESP 教师行动研究实践的具体步骤程序

行动研究自产生以来，除了人们公认的行动研究法是一种扩展的螺旋式结构外，对于实施的具体步骤提出了各自不同的看法。尽管人们对行动研究的实施步骤有着不同的看法，但我们必须把握行动研究的三个基本要领：一是要以科学理论为指导，行动研究不是在经验基础上解决问题，而是建立在科学理论的基础上的。所以教师首要的任务是学习掌握一定的教育科学理论。二是运用科学理论对教育实践进行诊断，发现问题。一般来说，教育理论与实践的矛盾往往是问题产生的主要根源。三是以一定的科学理论制订出科学的解决问题方案，并加以实施与检验。如此循环往复就构成了行动研究法的模式。

教师一旦熟练地掌握了这种行动研究方法,其教学就会成为研究式的教学。换句话说,就是“在教学中研究,在研究中教学”。教学与研究一致,教师的教学研究就存在于教学活动之中。所以说大学教师运用研究法进行教育科研,不仅不会挤占教学时间,而且还能“教研相长”,促进教学工作的进一步优化。

Kemmis 和 McTaggart(1988)的行动研究的过程模式——计划、行动、观察、反思和重新规划的自我反思的螺旋式模式,目的是了解如何采取行动以改进教育教学状况。这是行动研究的原则,即从一个关键阶段到另一个阶段的过程,通过系统的步骤以达到改进。

根据 Kemmis 的模式,笔者进行了分析,举例说明在教学行动研究中应采取的步骤(表 6－2,图 6－1)。

表 6－2 教学行动研究步骤示例

计划	不满意我们正在使用的教科书,很多材料与学生的需求无关	我能做些什么呢? 我不能改变教材,我将改变我使用它的方式? 尝试适应学生的教学计划
行动	告诉学生如何以自己和他人相关的材料互相提问和回答对方的问题	在课堂尝试
观察	坐下来倾听学生的想法,并记录他们的谈话	记日记
反思	学生似乎满意这一做法,但对材料难以明白	教师应该帮助学生选择适合的材料
计划	发展学生专业学习的技巧	需要学生更加积极地参与到教学活动中来
行动	采取小组轮流聆听和发言	采访学生,进一步倾听来自学生对课程的评价与需求
观察	学生是否真的很喜欢这种做法	他们似乎满意他们需要的专业文本
反思	我需要考虑整个过程教学内容是否正确,需要检查。应该继续这样做吗?	也许这些问题是调查另一个问题的开始

资料来源:自制

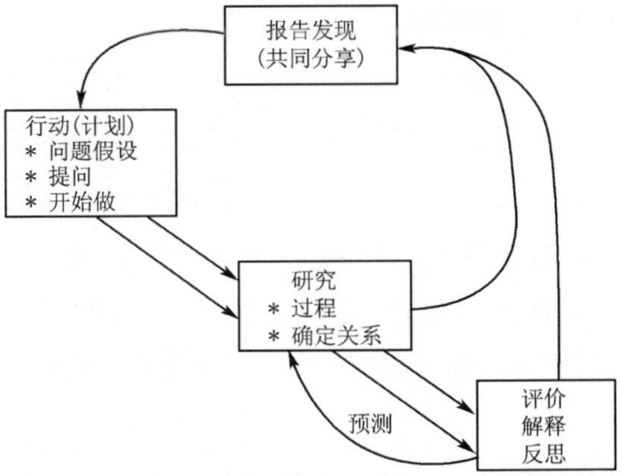

图 6-1　基于行动研究的探究科学模型

资料来源:自绘

Elliott 主张以下六个步骤的行动研究模式:

第一步:诊断或发现问题

行动研究者坚持用批判的态度对待每一个看似平常的问题,并进行探究分析,了解社会情景状况,发掘问题。

第二步:初步研究分析

对发现的问题进行初步讨论,务求做到各抒己见,集思广益。可能的话,研究者、教师、家长或各有关人员应组成研究小组。讨论的结果可成为拟订总体行动计划的重要意见,搜集、阅读相关资料,进一步明确研究问题的本质与现状。

第三步:拟订整体计划

这是行动研究的蓝图,较重视全盘设计。设计强调灵活性、能动性和开放性,以适应没有预计到的制约因素。同时强调行动中的反馈信息,以便对整体计划进行修订和完善。

第四步:制订具体计划

把整体计划进行分解和具体化,制订出具体的行动方案。

第五步:行动

一方面按照计划进行实践探索,另一方面观察、记录和评价具体行动研究过程中的各种情况。

第六步:评价行动研究

这是整体行动计划的总结。总结可以包括两个主要部分:一是对所研究的问题作结论,即分析行动研究是否完成目标任务;二是对整个行动研究的计划、策略、步骤等进行分析、反思和批判,为下一个(循环)计划作准备。前一部分是有关行动研究目标的成效检讨,后一部分是有关行动研究本身做出的评价,如弄清楚研究过程中所遇到的问题和限制。

通过分析上述行动研究的基本模式与步骤,建议教师可以尝试开始自己的行动研究。具体操作为:

一、确立课题

(一)构成行动研究过程的基本步骤是:发现问题、分析问题、确立课题。要求:开口要小、开掘要深。

(1)回顾目前的做法,确定一个问题;

(2)确定需要探讨的某些方面,思考解决方案;

(3)探索方法,实施解决方案;

(4)观察其影响,并对将要发生的事进行预测与判断;

(5)监督整个研究过程;

(6)根据评价结果调整实践方法,及时修正不正确的做法,尝试另一种新的方式;

(7)为下一步研究方案进行计划。

个人实践的潜力是研究工作整体的一部分,如何通过教育的发展进行研究?

首先要确定你想做哪方面的调查,重要的是专注于某个方面,清楚哪些方面你可以做;其次,注意研究的重点可能会有所变化。研究的问题可能有些复杂,但尽可能简单化,随着时间的推移问题会渐渐地迎刃而解。

(二)教师在研究过程中可能会提出这样的问题,“我怎样才能改善与同事的关系?”也可能会变成“我怎样才能改善我的教学?”

(1)关心的是什么?倾向参与什么样的研究问题?是否可以收集到相关信息?

(2)什么解决方案?应该如何去收集数据?可以使用哪些技术?

(3)如何考虑怎样才能实现解决方案?如何监测行动?如何观察和描述发生的事物?

(4)如何评价解决方案?如何以成功的标准对数据的意义进行验证?观点是什么?

(5)如何修改自己的行动和思想,如何以自己的实践影响他人?

确定研究重点,意味着制订研究问题的计划。行动研究的问题是“我如何做……?”之类的问题。问题通常采用的形式是“我该如何改进……?”研究的重点是在你所处的情况下,你认为可以采取的行动。

行动研究的开始,根据你的工作情况决定什么可以做什么不可以做。在行动研究规划中,Kemmis 和 McTaggart(1988)强调,开始一个行动研究项目涉及战略规划,并有可能激励你更加活跃地参与社会活动。干预不仅涉及最初的问题“该做什么?”更是战略问题“可以做些什么?”它涉及认识的局限性以及潜力。

二、查阅文献

分析现状进行文献综述。我应该如何去收集数据?我可以使用哪些技术?我能想象出什么解决方法?

在项目的早期阶段,你会发现,文献查阅等所收集的数据其中大部分将于稍后被丢弃。然而,在开始的时候,重要的是不要拒绝任何可能成为有价值的数据的数据。

三、制订方案

标题、绪论、目的、假设、对象(范围)、方法(步骤)、资料(信息)、物质保障(经费、环境、设备、设施、人员等)、时间、参加人员及能力分析、人员分工等。

四、实施行动

（1）假设的设立及验证。借鉴应用实验假说。教育研究的假设有别于自然科学实验假设的设立，不能通过科学观察和实验直接进行观测。

（2）研究措施与资料（信息）的收集、处理、综合。观察、问卷、调查、实验。

（3）及时反馈、多方反思、不断校正。

例如：课堂教学最优化、学习过程优化、最佳作用点、最佳作用时机。记录研究关键时刻的重要实例。该场景可以是一个工作场所，公交队列，一个教室，一个家。旨在记录行动的重要方面，例如，两位同事今天有不同的观点，所以设立一个调解的策略，以避免进一步的争辩。

五、总结反思

对研究资料进行整理、分析、解释，做出推论，并对研究进行反思与评价，为新一轮的深入研究做准备。

作为一组织框架内的行动研究反思周期的意义在于：可以变成新的行动研究周期，作为新的调查领域的开始，尽可能制订一系列循环发展的实践过程。这一过程可以作为一个螺旋式的循环周期，即其中一个问题是另一个问题的基础，当一个问题解决了，新问题也就产生了。记住事情并不经常是在一个简明的、线性的方式下进行。大多数人的研究经历是一个曲折的过程，因此，要不断检查和重新调整。作为教师的工作不仅仅是传授知识，还应应对教学与研究的挑战，并鼓励自己挑战他人的假设，不应轻易接受他人的观点；有信心使自己的思想在实践中转变，通过系统化的行动研究促进教师个人的工作方式，并在行动中形成反思，更好地总结前人的经验，反思自己的做法，寻求一条适合学习者的教学方法。

六、评价效果

（1）用科学工具、量表进行严格的测量。

（2）用期中期末考试成绩测量。

树立正确的评价观：动态评价、发展评价、潜能评价、实践评价、态度评价等。

第三节 ESP 教师行动研究工作坊

建立教师行动研究工作坊，其目的是提高教师对教师行动研究的意识，为开展研究工作做准备。教师行动研究工作坊有利于教师教学专业和教师的个人发展。行动研究工作坊的教师共同查阅专业研究文献，通过教师作为研究者的方法和采取角色参与的方法，积极投入到国家大学英语教学与课程改革计划中，通过教师在重点领域的发展，提高大学生的实际英语的运用能力。

每一个研究项目，本身就是一种生成转换的调查过程，是学习与实践相结合的过程；而更广泛的调查过程是研究生成转换的一部分。无论发生什么，势必影响另一个方面的工作，重要的是要牢记哪些领域是不适合自己进行行动研究的。一般而言，行动研究的方法与价值观，以及如何在实践中实现是要认真思考的，进行行动研究是要有适当的目标。

教师行动研究工作坊问题，如：

（1）如何改善与同事间的关系。我能做些什么呢？

（2）我想把 ESP 课程引入到我的教室。我怎么能促进学习者专业学习的质量？

（3）如何安排教师之间交流思想的自由？

（4）行动研究方法是否合适？

（5）ESP 课程和专业课程之间的联系是什么？

（6）教师如何进行评价？

一、在职形式的工作坊

在职形式的工作坊以研讨会和个别教师课堂观察后的反馈为基础。主要的重点是实施沟通的方法,以提升一般大学的英语教学水平。训练手段分析确定需要的领域的行动研究,这主要是依赖于参与者的观察。理论和实践的结合,确定教师行动研究工作坊的目标和需求(图 6 -2),而教师要达到目标需建立在两个层次的需求之上,一是基本层次的生理需求,二是教师个人在行动研究工作坊中的学习需求。而学习需求又与教师的社会心理需求和工作需求有关,这包括教师工作的被认可,即被社会、学校、学习者接受,教师自身通过设计学习活动,促进学习者的学习并对自己的行动研究加以评估与评价,在具体的实践活动中促进教师个人的成长,进一步促进教师的专业化发展。为此,教师行动研究工作坊的目标是引向教师成功和确立教师地位的重要一步。

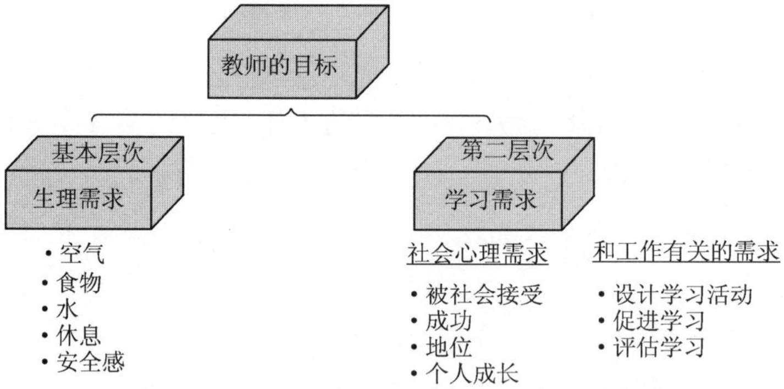

图 6 -2 教师行动研究工作坊目标和需求来源

图片来源:自绘

运行 ESP 教师工作坊,进行新的 ESP 应用材料的汇编。巩固课堂创新背景下的 ESP 教师发展,这是教师行动研究的价值信念和挑战。Nunan(1990,1992)指出,“实现涉及全体员工的校本教师教育发展项目,可通过体验式学习和教师行动研究的工作。”这种方案有许多优点，可以确保教师之间面对面的大量的互动活动和合作。

重点围绕五个主题：(1) 教师行动研究的目标和实用性；(2) 协作和自我评估；(3) 技术和程序；(4) 对教师行动研究的限制和及对他们的管理；(5) 行动研究的主题。

正如Nunan所说，理解行动研究本身，它是以合适的变化在变化着，通常是建立在行动的基础上，教师和研究人员"共享经验。"目的是帮助教师研究者看到她/他可能看不到的东西，进行批评和反馈，提高调查与研究。

在同一个教室的教师行动研究和其他人的研究之间有着差异。两者都寻求理解，但也许有着两个不同的目的，一是需要考虑研究的动机，教师的动机是为了提高其教学和学习者的最大化的潜力；二是需要理解教师的意图，研究势必会导致教师的改变。这就是Nunan为什么说，教师的行动研究能带来一定的改变。

教师能够进行什么类型的行动研究呢？Nunan认为，行动研究可使用定性与定量研究两者兼而有之，认为行动研究可以是人种学或案例研究，也可以使用不同的方法，如观察、问卷、访谈等进行调查。

Nunan(1992)在教师行动研究方法上，主张扩大范围、鼓励进行话语和互动分析。教师没有理由不在传统的规范模式下工作，原因是这一方式在世界上仍然是最普遍的，但教师可以进行实验研究和收集数据进行定量分析。

McNiff(1996)提到行动研究使用"作为传统的定性研究的方法和技术，但总的目标是尽可能在工作场所的限制下使用工具。"

Nunan(1992)认为：我们应考虑这种研究对于教师和学习者之间的长远利益。他认为，外部有效性不一定是教师行动研究的当务之急。如果有研究的问题，数据和解释性分析(研究元素三个定义)就应该算作是研究。

英语教师进行行动研究，尤其需要灵活性。原因是，教师要认识和确定英语的独特性问题和需要。教师行动研究的核心特征之一是共享，开展这类研究，英语教师可通过合作能够更好地胜任和完成研究任务。

对于教师来说，如何帮助他们发展生活的洞察力，以及如何发展他们的实践知识，这是首先需要回答的。我们认为，一个人的知识是不断发展的，应鼓励教师把自己的思想应用于实践中，达到完善并能够加以修正和提升。这是一个重要的问题，要求教师根据自己的能力，以达到他人相同的期望。有时，个性与期望有冲突，而教师有责任让别人知道这是自己的责任，以解决相互间的分歧。

二、在专业背景下以行动研究工作坊构建教师的能力

一些教师仍然保守着自己的知识，没有变化。我们应如何获取知识，获取他人的支持也是一个决策问题，尤其是获取管理者的支持，行使专业教育工作者的责任。人们需要共同建立学习与合作，需要同行的支持，需要在研究的过程经历中获取信心。

建立工作坊可支持参与者之间的相互学习与发展。工作坊的目标是鼓励教师为了实现自己的潜能，鼓励教师去思考和独立行动，促进相互依存，关键是——一个协同行动目标以实现共同商定的教育价值观；合作产生的社会效益也许是我们向所有人学习的机会，我们永远不要低估合作团体的力量来改变这个世界。

行动研究就像发生在学生的发展阶段的学习，是学生自己学习的过程。教师根据教育理论，通过行动研究能够更好地理解理论和进一步发展自己的能力。选择行动研究的方式进行教育教学的研究，同样也可能会经历一些行动研究观察家们不满意的做法，但把行动研究作为一个实践的做法，可以使教师在自身的专业化发展过程中积累更多的经验。

行动研究工作坊可以给教师提供一个相互间进行磋商和交流的平台，改变他们以往孤立的工作状态，教师与教师间共同重新审视自己的教学实践，重新计划自我和共同的发展目标。通过行动研究工作坊，帮助教师在一个正式的研究过程中更好地了解他们所做的事情，

了解他们的课堂和学生。我们知道学者的研究往往在教学策略和学习效果之间寻找出一些定律/规范。教师只需跟从这些学者的建议，使用某种教学策略，便会有某种效果。其实，这类学术研究降低了一线教师的专业判断。

相反，行动研究工作坊要求教师基于教与学的复杂性进行研究，教师需要辨识所身处的教学情况，搜集证据，从教学中反思，探讨对策，改善教与学。因此，行动研究不但不会削弱教师的判断，反而是赋予教师权力(teacher empowerment)，增强教师的判断能力，从而作出更理想、更有效的教学决定。

假如有人说行动研究只是一线教师的一些个案研究(case study)，方法欠缺严谨，而无法归论，这些人对个案研究的见解也未免肤浅。研究能否有归论不是取决于撰写报告的研究者，而是由读者来判断的。换句话说，其他教师在阅读研究报告时若能有所启发，反思现况，从而触发他们去正视和了解自身的教学问题，这些个案研究便十分有用。

行动研究工作坊使教师分享他们的实践，进行批评和互相学习，进而产生新的教育理论，这正是根植在人们的生活经验现实的形式。教师应超越传统形式，嵌入新的形式，而行动研究这一新形式所蕴涵的潜力将改变教师的专业发展。

第四节 ESP 教师专业发展与课堂创新

“教师专业发展和课堂创新之间有相互关系吗?”教师的专业发展是指教师在其专业素质方面不断成长并追求成熟的过程，是教师专业信念、专业知识、专业能力、专业情感等方面不断更新、演进和完善的过程。教师的专业发展是伴随其一生的过程，特别是在新的历史条件下，随着社会的进步，教育的发展，人才素质问题也越来越受到人们的关注和重视，作为教育活力的组织者，教师在学生的教育和发展中起着主导作用。无论是现代知识观、教育观、学习观、学生观的确立，还是教育内容、教育方法和手段的改革，必须体现在教师的专业素质和专业能力的提高上，并通过教师来实现。研究课堂创新是对学生和课程的需要提供必要的细节。基于学生的需要，"摆脱以教师为中心"，采用的教学方法主要是沟通，教师只是作为"学习的催化剂"。

创新旨在带来新的改善。换句话说，目标区域改善课堂教学的变化，因为它涉及态度和行为的变化，是面向过程的。课堂创新是通过教师来实现的，课堂创新对教师的个人生活和职业生涯有着重大的影响；对教师不仅是帮助和挑战，还可使教师具有创造性的思考和批判自己的想法。

当创新想法运用到实践中，教师将会意识到创新可带来惊人的变化，创新应是教师教学的主导思想，在课堂上进行创新，引导学生达到预期的目标，以创新形式计划教学解决方案，如果学生学习思维不能跟上我们的教学形式，可发现他们的思想、学习态度，并调整我们的教学，以适应学生。学会这样一种方式，可更好地了解学生，清楚如何教。

教师课堂创新的主要目标应以实施教学和获得学生良好的响应为准则。进行行动研究的教师最受关注是的创新热情和态度的改变。

一、创新观念

当前主要有四个教育创新的观念：(1) 制度创新；(2) 实践活动创新；(3) 专业互动创新；(4) 教师发起的行动研究创新。这些不是排他性的，它是一个重点的问题，创新受人员、地点、原因，以及时间的影响(Jordan,1997)。

(一) 作为制度创新

"制度"创新的观点是一种文化的体现，它包括知识、价值观、信念和态度，这一制度间各个因素相互作用与影响，也就是说，创新者必须寻求方法去理解制度创新的总目标。

（二）作为实践活动创新

第二个创新的观点是关于外语教育背景下的创新。根据英国、加拿大等丰富的创新经验，倡导创新是关注人的问题，而不是物质利益，意识形态下的责任制，创新是一种“运动”，是“信念的推动……”，是激励他人采取行动，以改善他们的做法。中心主要是推动和敦促教师有责任和义务进行“专业持续发展的动力……”。这种观点涉及教师的整体教育思想、学习的期望与创新。

（三）作为“专业互动”的创新

研究方法的辩证方法和专业学习意味着互动与对话，这两个概念在语言学习方面是有用的。在语言教师的教育方面，特别是在 ESP 创新和教学的背景下，参与互动是“教师专业发展的关键因素”。同样，ESP 课程创新只能通过教师和学生相互交往的方式下得到根本性的转变。此外，互动是了解现状与事实，可能会改变教师的观点，使他们变得更明智。

在行动研究中，互动被用作各种对话的总称，至于对话通常被定义为“任何两个或两个以上的人的谈话”。在这项工作中，对话是有计划、有意识解决问题的互动。正因为如此，对话可以是问自己的问题，同时反映一个真实的对话也是通过相互讨论而寻求新的想法。

“专业互动”的概念也可以说是在研究中寻求创新。此外，在研究和创新中“持续的互动”涉及多个研究人员之间在不同阶段的研究交流，在实施研究过程中，这一概念被证明具有潜在的好处。“专业互动”和“持续的互动”的概念，可通过小组精心策划进行讨论来获取观点。在这个意义上小组讨论至少注意三个主要因素：

（1）情境约束的影响；

（2）主持人/研究员的干预；

（3）话题讨论。

因此，如果主持人是一个研究员，他/她应该承认这些因素对参与者的互动的影响。在行动研究中，使用“讨论方式”消除对立的矛盾。在互动和对话中寻求适当的解决方法。因为我们知道，讨论是行动研究的组成部分，是最有效的沟通方法。

Fullan 和 Hargreaves（1993）提出三个创新的观点，他们认为，“为教师提供机会，鼓励他们作为一个集体共同努力，互相学习，提高专业知识。”根据美国、加拿大和英国大量深入分析的基础上，确定几个问题：超负荷、孤独、开发能力、教师的角色狭隘、低下的解决方案和改革的失败。为了解决这些问题，笔者认为解决方案本质上应该是“由集体和个人共同承担”。他们认为合议和个性是兼容的，的确，如果要改善我们的学校，我们可以而且必须一起解决问题。这也是强调“专业互动”，在此框架内，教师是值得信赖的。

Fullan 和 Hargreaves(1993)提供了教师与行动准则：

（1）定位，听取和表达自己内心的声音；

（2）在实践中进行行动反思；

（3）要有冒险的精神；

（4）相信进程，相信人们；

（5）推动和支持……发展互动的敬业精神；

（6）致力于不断发展和终生学习。

（四）作为教师行动研究的创新

Stenhouse（1975）阐明了创新的观点。他表示，有关系统性的创新观点他持怀疑态度，认为这是有关“价值观有效的投资”，而不是教育的“价值”。相反，他认为，创新是一个过程和研究思路，允许教师的新思路在时间和空间上系统地进行实践，以便验证他们与其相关的做法。“所有课程的研究和发展是基于教室的学习研究”，也就是说，“是基于教师的工作”。Stenhouse 的观点认为良好的教学研究应敦促教师从教室到实验室，并对一些学习理论的假设进行验证与研究。Stenhouse 还认为课程创新最大的价值是把希望放在教师的身上。他希望教师来扩展自己的角色，要有开发研究的好奇心，并成为教师研究者。在他看来,专业化的扩展是为更好地建立课程的研究和发展所必需的。

教师自主是“专业化扩展”的“一个本质特征”,是教师从智力、道德和精神方面的解放,Stenhouse 描述了教师的专业自主性:① 致力于学习和发展教师的专长;② 热衷于自己的教学研究;③ 关注在实践中验证相关理论;④ 真诚地使自己与他人进行协作与合作。

Stenhouse 的创新观点加强了教师和学生实践创新。其目的是让教师通过教学对所采用的研究方法对自己的表现进行评估与评价,目的是不断改善他们的做法。在英语语言教育领域,类似的过程研究的创新观点已被许多专家学者所认可。虽然他们在方法上有一些差异,但他们一致倡导教师在工作环境中,应促进教师的核心作用来作为一个反思的实践者和研究者。其中一些英语教育专家主张教师的发展应结合教学的研究进行探索性的教学和学习,提出研究和教学为一体的七个标准,即①相关性;② 反思;③ 连续性;④ 合议;⑤ 学生发展;⑥ 教师发展;⑦ 理论建设。他们还提到探究式教学和学习所面临的三个问题:① 时间限制;② 学习新技能的负担;③ 教师自尊的威胁。

Stenhouse 等学者的论据极大地鼓舞人们可以感受到他们的教育和道德意图。此外,对于教师个体和其潜力的发挥,起到了“助推”的作用,以创新的观点,加强英语教师的创新意识,拓宽他们的视野和解释分析的能力。

二、创新与成功标准障碍

(一) 心理障碍

心理障碍植根于人类的思想,当教师要进行创新,这意味着他们被要求更改或修改自己的信仰和价值观。他们很可能会感到不安全而进行自我保护,并有可能拒绝新的思路。

(二) 学校文化障碍

学校文化协作有利于改变他们以互动和讨论新的想法的机会:人

们不采取新的研究成果或新的想法,从中选择并加以实施;相反,他们围绕新知识进行互动对话,评估它的局限性。因此,教师的对话与互动是有效地进行创新的关键。

(三) 教学障碍

引进任何创新、新的思路和技术,需要学习,在创新过程中学习的模式被认为是至关重要的。许多专家主张使教师逐步发现方法和获取经验,努力去理解创新。

Wallace(1991,1998)强调反思的作用,作为英语教师一定要具有反思的概念,理解反思在个人的教学发展中起着变化。我们应利用反思的方法来培训教师。

(四) 人际关系障碍

有大量证据表明,人际关系中自我与他人的内外部斗争影响着创新预期的变化。学校课程的两个最重要的因素是参与者之间的关系和责任分担,以确保和谐相处以起到承担共同的责任,达到共同的目标。同时,行动研究与道德和道义上的义务,可以使教师处理人际关系和其他问题,实现他们创新的愿望。

三、创新行动研究方法

Nunan(1990)等提出不同的理由,促使教师在自己的工作范围内开展研究。主要有三个方面:

(1) 提高自己的个人和专业发展;

(2) 支持同事的发展;

(3) 参与教育创新。

第五节

ESP **教师行动研究与反思性教学**

一、反思方法的起源和基本理念

Dewey 被认为是“反思”的主要发起人。早在 20 世纪初 Dewey 认为,教师需要考虑前后(双视力):远程和短程。前者涉及教育的长远目的,后者为短期目的,教与学必须做到即时的决定。后来,反思成为 Dewey 工作的一个关键主题。

Dewey 的反思理论对教师教育和主流教育有很大的影响,他推动了反思概念的发展。现在经常会遇到“反思性教学”一词,“反思性教学”定义为教师在课堂教学中对发生的事情的想法,并以某种手段实现的目标或目的。反思性教学涉及“批判性反思”,教师通过批判性分析反思那些影响教学和学习的问题。另外,批判性反思关键是可指导教师在教学实践过程中,对相关的问题加以认识与研究,这可能涉及课程的设计、具体的教学环节、学习者的能动性等;反思性教学鼓励教师从“如何”“什么”和“为什么”的问题的解释到对问题有个新的理解,帮助教师重新界定和改进教学实践。

一般认为有用的两种反思的方法是 Wallace 和 Ur 的。Wallace(*Training Foreign Language Teachers: A Reflective Approach*(1991))认为培训外语教师的反思法是建立在其的工作基础上。针对“任何从事外语教学领域课程的设计、运用或参与的人”,“教师教育课程,特别是在发展中国家”不像应用科学方法引起专家的高度重视,Wallace 的反思方法刻意突出学习者,将他们带入“发展过程”。他提到,教师的“心理结构”主要来自于个人、社会和文化背景。无论什么样的背景,在他看来,至关重要的是要找出教师进行专业发展第二阶段前的背景。这个阶段包括“知识发展的两个方面”，首先是“已有知识”，其中包括教师相关主体的知识和概念，研究成果、理论和技能。第二是作为教师获得“知识行动”的“经验知识”，这一发展是通过实践与反思获得新的知识(图 6－3)。

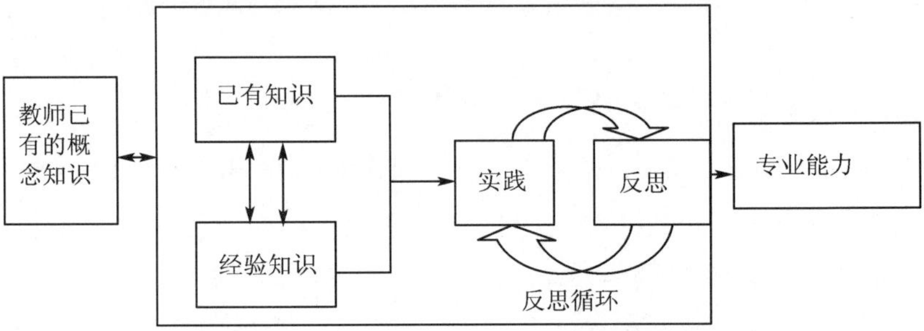

图 6－3 Wallace 的教师发展反思过程

图片来源：Wallace M J. Training Foreign Language Teachers: A Reflective Approach [M]. Cambridge: Cambridge University Press, 1991.

如图所示，Wallace 的方法包括“循环反思”，他指出这种快速循环方法指的是持续反思过程，是“已有知识”和“经验知识”对专业行动(实践)的反思。反思可能发生在事情之前、之中(行动中反思)或之后(对行动的反思)，这些过程将会引导教师“专业能力”的发展。不像应用科学方法那样，Wallace 的反思方法侧重于经验或理论，他试图整合理论，实践和教师的信念和价值观，认为反思是发展的根本。

Ur(1996)建立了英语教师专业发展的反思性实践的内容模型。Ur(1996)对 Wallace 的反思方法持保留态度。在他看来，“往往过分强调经验”和“教师自己几乎是唯一的知识源，相对忽视了外部的输入”。Ur 指出，“外部输入(讲座、读书等)帮助教师理解经验的意义，对现实的贡献会更大”。他认为反思的功能是“确保任何输入的过程，无论任何来源，由教师个人学习，让知识变成她/他自己的。”这种做法他称为是“加强性反思”(表 6－3)。

表 6－3　Ur 的反思性实践内容

Vicarious Experience	替代性经验
Concrete Experience	具体经验
Other People's Experiments	其他人的经验
Input from Professional Research, theorizing	专业研究理论输入
Active Experimentation	主动实验
Other People's Observation	其他人的观察
Reflective Observation	反思观察
Abstract Conceptualization	抽象概念

资料来源：Ur P. A Course in Language Teaching: Practice and Theory[M]. Cambridge: Cambridge University Press, 1996.

可以看出，这种方式整合了外部和个人知识的来源，这两者都是由具体经验的循环周期，积极试验，批判性反思，抽象的概念化。理论来自实践，反之亦然，这一理论作为人的相关情况变化不断检查和复查。总之，Ur 的观点是：

学习最重要的基础是个人的专业实践，直接源自实践的知识是最有用的，而来自于其他方面的知识是要通过验证的。

二、反思的类型和水平

教育工作者和研究人员将教师反思分为不同类型或水平，Van Manen(1977)和 Schon(1983,1987)主张广泛使用两种分类。Van Manen 在知识和人类兴趣的基础上，提出了三个水平，开始是最低水平，它们是：技术、实践和批判性反思。第一，技术反思，教师利用预期的手段，通常关注的是效率和最终取得的成绩；他/她通常不会质疑结果或手段。第二，实践反思将会质疑结果与手段，教师认识到方法不是绝对的，是可以商榷的，实践反思通过理解可以反过来提高实践。第三，批判性反思有着开放性意图，它是最高水平的反思，通常包括前两种类型的因素，教师不仅会质疑结果和手段，而且还会考虑体制和社会结构对学习的影响。这种类型的反思将引导教师找到解决课堂和学校问题的策略,需要反思来判断下一步的行动,思考一段时间后可采取行动,进而促进反思性教学。ESP 教师需要观念的转变,这关系到他们的教育。行动研究方法的思路和策略是反思性教学的关键,也是促进教师专业发展的做法,反思是教师专业发展可持续性的手段。文献中所讨论的许多方法,被形容为"工匠","应用科学","反思"(Wallace,1991)、"专业互动"、"自我支配"、"教师作为研究者"(Stenhouse,1975)和"行动研究"(McNiff,1988)。虽然这些方法之间有很大的重叠,但似乎有一点共识,那就是什么是构成教师教育的最佳方法。应用科学和反思的方法是很重要的,他们选定这种方法的主要原因是,教师行动研究已建立了坚实的基础,这种方法被认为是具有包容性,有利于教师的专业发展和反思性教学。

反思的方式演变为应用科学方法的一种反馈,它在教师教育领域已做出了实际的贡献,但并不是没有问题和挑战。重视反思方法的原因是教师的信念,如果教师或其教学没有变化,可以说是没有批判性的反思和评价。

教师在反思过程中应进行总结性和连续性的思考,主要考虑以下有关研究的问题:

教师行动研究已被证明是有效和可行的方法,对 ESP 教师发展的理由是什么?

教师行动研究是有效和可行的方法,ESP 教师发展参与者的意见和结论。其主要理由是 ESP 已经能够迎接许多挑战,但其宗旨和目标是教师合作成功的主要因素。再者行动研究的反思方法可以促进教师在以下几方面得以发展:

(1) 行动研究在理论和实践上可丰富教师的知识和方法;

(2) 改变和提高教师的信念;

(3) 教师评估问题可得以建设性的创建;

(4) 促进 ESP 教学创新(例如,团队合作和自我监督);

(5) 促进教师发展与 ESP 课程发展框架;

(6) 教师得到更持久的支持和鼓励。

反思使得教师的能力呈"螺旋式上升"(图6-4),这是最大的益处,也是教师专业发展的一个特征。

图6-4 反思的直接益处和长期益处

资料来源:自制

三、通过反思,得以改进

在国际教师教育领域中,"反思性教学"和"行动研究"都是被人们广泛运用的术语和口号,但两者间究竟存在什么样的关系,人们似乎并没有刻意去深究,只是在各自的口号和信念下进行着实践的运作和理论的辩护。由于"反思性教学"和"行动研究"本身都是内涵十分丰富、且具有多种支派的概念系统,因此,对两者关系的考察并不是一件容易把握的事,本部分内容仅就两者的主流方面作一些简要的分析。

从反思性教学和行动研究的实质来看,两者具有同质性。按照

Kemmis 与 Carr 的定义,行动研究是社会实践者为提高自己实践的合理性与正当性而采取的自我反思探究的一种形式。这一定义本身就表明行动研究与反思性教学具有“天然”的联系。行动研究的过程是“问题—计划—行动—观察—反思”的过程,即以遇到疑难问题为起点,以经过思维解决问题为一个暂时的终点。这与 Dewey 所讲的“从做中学”或“从活动中学”的过程是极为相似的。Dewey“从做中学”或“从活动中学”的实质乃是从“思维”或“反省”中学,只不过是 Dewey 从实用主义哲学的立场认为“思维”的过程离不开“做”的过程,思维是在“做”的过程中因遇到疑难问题而被激活的,思维在本质上就是解决问题的工具。行动研究是提高教师反思水平或能力的一种重要策略。

那么,什么是反思的方法,教师和教学的发展潜力?作为教育给教师带来知识、信念、经验等方面的变化;师资建设的潜力;相信老师的能力,学习和继续学习等等。总之,反思的方法如果“适当”,教师和教学的发展将具有很大的潜力,它有着实用性和适用性。有些人认为,一方面,反思可以解决教学的问题,另一方面,从过去到现在和未来,反思是一个抽象的追求。一般情况下,经验教师和新手教师表示了类似的看法,强调发展,强调反思。教师教育的实践是必要的,应该鼓励教师反思、独立思考和行动。

基于上述的讨论,反思似乎可用于不同的目的,教学本质上是“专业发展”,这句格言具有普遍性,作为一个专业在教学中隐含的价值观,必须积极寻求和承认。教师作为专业人员工作不是孤立的,要有合作的教育价值观,教师和教学发展的行动研究方法是更好的选择,这也涉及教师反思的方法(表 6 - 4)。首先,教师的价值观不是永恒不变的,而是不断变化和富有挑战的。其次,行动研究的方法与反思是密切相关的,Wallace(1991)认为行动研究是“许多教师正常的反思实践的延伸,可能导致更有效的成果”。另外,行动研究构建了教师同事间协同支持与合作的框架,帮助教师生成自己的个人理论,从而促进教师的专业发展。Schon(1983)解释说,“教师和教学改革更多地反映在行动上，行动研究可给教师带来意想不到的惊喜”。

表6-4 行动研究反思一览表

行动研究的几项关键性活动
自我反思： 反思研究焦点要基于教师价值观和信念，教师对于理论、实践、学校和社会之间关系的理解；事情的发展历程以及教和学的理念 **描述：** · 描述行动研究计划改变或改进的状况； · 描述问题的焦点和提供问题的证据； · 明确影响研究问题的关键因素 **阐释：** 通过假设陈述行动研究基本状况，调查对整个研究产生影响的因素

资料来源：根据 Geoffrey E. Mills. 教师行动研究指南[M]. 王本陆，等译. 重庆：重庆大学出版社，2010.

四、反思和评价

研究最重要的不只是严谨，还需要教师对教学进行反思，寻找证据去帮助了解现况，从而做出适当的判断，改进教学实践。反思即思考、反省，它是教师与自我的对话，是教师在教学中发现问题、提出问题和解决问题的思考分析过程，是教学经验的积累并不断升华的过程，也是教师自我更新发展意识的体现和教师自主改革的体现。教学反思是教师专业发展和自我成长的主要因素，是行动研究的基本形式。教师应经常问问自己，教学理念是否先进；教学设计是否科学，是否适合学生的需要（刘学惠，2004）；教学过程是否以学生为本；对学生的评价是否有利于促进学生的可持续发展。课程强调评价不仅要关注学生的学业成绩，而且要发现和发展学生多方面的潜能，倡导评价目标多元化和评价方式多样化，坚持总结性评价和过程性评价相结合、定性评价与定量评价相结合、学生自评与互评相结合。所以，教师应多反思自己实施的教学评价是否能体现评价本身的激励功能和诊断功能,能否帮助学生通过评价认识自我,建立自信,促进学生在原有水平上的发展。

一般情况下,在行动研究中,反思和评价是这个过程中不可分割的组成部分,即反思(正在发生的事情)和预期(预期发生什么)。通过这些反思,产生新的认识,得到新的举措,进而获得新的成果。专业研究主要是通过反思实践来实现的,“反思性实践意味着自省”,带来行动中的自我塑造和制约。Elliott 的观点认为,“反思实践必然意味着自我批判”。因此,教师应在行动研究中对各因素进行辩证思维的反思,分析矛盾并开始新的建设性思维和新的建设性行动。

评价是行动研究过程中不可分割的组成部分,在 ESP 教学中,教师应越来越多地认识与参与其中的作用地位。

Hopkins(1985)在他的书中,对教师说道“谁是或将有兴趣成为课程的评价者”。他认为:“教育评价需要与发展相关联”。这一建议对大学英语教师专业发展非常有作用,教师在行动研究中,应进行形成性和总结性的评价。

由于参与者对“评估”一词的敏感性,用“反馈”来代替,通常称为反思和反思性。对于教师来说,这是一个有价值的学习策略的方法,特别是当涉及课堂创新时。因为教师需要学习,教师需要改变,再者教师要培养自身参与科研的能力,动机是必要的。Elliott(1991) 总结为三个方面:“认知能力”,“人际交往能力”和“成就动机”。

从国际教师教育的基本走向看,在职教师教育已逐渐摆脱了把教师作为一个被动接受者的状况,改变了以封闭的知识,单纯、模式化为内容的脱产进修,代之以关注教师的专业发展,以反思和校本培训为特点的在岗培训。反思教师学到了什么?加强教师的相互依存关系,创建自己的研究领域。反思被广泛地看作教师职业发展的决定性因素,没有反思的经验是狭隘的经验,至多只能是肤浅的知识。公认的教师成长的公式:成长 = 经验 + 反思。正如 Nunan 所言:“成功的有效率的教师倾向于主动地、创造性地反思，包括他们对教育目的、课堂环境，以及自己的职业能力的反思。”教师通过反思学会与他人沟通，商讨教学大纲、任务，对工作进行评估，进行行动研究的经验反思表明，工作是建立在相互理解的关系的基础上的。

从事行动研究与传统研究的专业教育研究者和教育实际工作者都在关心教育问题，但他们之间却出现了鸿沟。从关注目标来看，行动研究者关心的是如何解决教学中的实际问题，而不是什么客观的数据资料，有效地提高教育教学质量，是他们最迫切的需要；而传统研究者关心的是理论，是用客观、精确的手段发现学与教的规律，他们需要的是用数据来分析、解决所关心的理论问题。教师行动研究者是通过进行行动研究来了解现状。如果一个教师仅仅满足于获得经验而不对经验进行深入思考，那么即使具有 20 年的教学经验，也许只是一年工作的 20 次重复，除非他善于从经验反思中吸取教益，否则就不可能有什么改进。因此，反思对教师改进自己的工作有独特作用，是教师获得专业发展的必要条件。

第六节 ESP 教师行动研究案例

只谈论行动研究的理论是不够的，我们需要表明对于我们所倡导的是如何实践的，否则，想法只会停留在想象中而不会变为现实。行动研究的优势之一是开始于实践，人们通过实践产生自己的理论。行动研究是在真实情况下真实的人所进行的研究，这需要大量的案例研究来证明研究者是如何改进学习者的学习和状况，并给他们自己和他人带来了利益。同时，行动研究也构成了一种学习的形式，为社会的未来产生了深远的影响。

通过介绍两个案例研究，体现教师充分参与行动研究的实践过程和反思。

一、教师行动研究案例 1

项目时间:2010 年 9 月至 2011 年 8 月

学生人数:52

发现问题:学生在 ESP 课上表现不主动,不太愿意参与课堂学术研究探讨活动。

提出假设:

(1) ESP 教材难度较大,学生学习有困难。对 ESP 课程学习兴趣有所动摇。

(2) 大学生的现有的语言能力有限,无法回答教师针对学术英语专业知识的提问。

(3) 大学生心理发生变化,有的满足于四、六级考试已过关的现状,觉得无需继续进行其他英语课程的学习。

(4) ESP 教师的课堂活动设计单调,学生参与机会少。

(5) 学生对 ESP 课程知之甚少,一般不敢发言。

初步调查:采用问卷方式调查学生不积极参与学术研究探讨活动的原因。

调查结果:

(1) 77% 的同学表示对 ESP 英语有较浓兴趣。

(2) 在自我评价中,仅有 5 名同学认为自己能比较主动地参与课堂研究探讨活动,这与我们所观察和感受到的比较一致,占全班总人数的 9.6% 。

(3) 满足于四、六级考试已过关的有 9 人,占 17% ;认为自己现有的语言水平有限,对 ESP 课程毫无兴趣的有 4 人,占 7.7% 。

(4) 近半数以上同学表示他们对 ESP 课程开设持支持意见。

重新认识问题:大部分同学不积极参与学术研究探讨活动的主要原因是相关专业的语言知识欠缺,教师需要适当调整 ESP 课程的教学内容。

行动方案设计：

（1）ESP 教师应从自身做起，努力设计出适合学生专业学科的 ESP 课程；

（2）以学生为中心、教师引导的教学思路；

（3）尽量采用小组合作的方式讨论专业学术问题，让学生自己通过研讨，增强对 ESP 课程的信心，从而自信地在全班同学面前回答问题。

数据收集方式：教师日志、观察、问卷调查。

评价效果：

（1）问卷调查表明，大部分学生对 ESP 课程持欢迎的态度。76% 学生对 ESP 课程的课堂活动设计很满意，56% 的学生认为学术研究探讨方法有利于他们的专业学生，82% 学生表示自己的参与发言机会较以前多了，参与的积极性也比以前提高了。

（2）课堂教学观摩：从观摩记录看，学生从难以应对 ESP 课程的学术研究讨论，少数同学发言，到后来绝大多数学生在合作学习和小组讨论中发言，全班的气氛都带动了。

（3）教师日志：我们在教学日志中记录了很多学生参与讨论的事例，特别是在专业阅读文本中的学术术语问题，一些大学生给出了精辟的观点。

教师反思：

通过收集的数据，可以看出我们的行动研究方案取得了比较令人满意的效果，课堂参与讨论活动的人数大大增加，课堂气氛更加轻松、和谐，师生关系也更加融洽。但是我们的计划也存在不足，因为大量的小组讨论活动，占据了课堂较多的时间，虽然学生对 ESP 课程有了一定的认识和信心，但今后要多给学生更多的独立思考的时间与空间。因此，我们在培养学生 ESP 课程的同时也要重视学生相关专业语言能力的培养。

案例分析：

本案例体现了一个比较完整的行动研究的过程，本案例研究的问题——学生在英语 ESP 课堂上表现不积极,源自于 ESP 教师的实际工作,并以提高教学工作质量为目的。研究体现了以实践为中心,研究的过程与 ESP 教学工作合二为一,提高了教学工作的科学性,也使研究达到了预期的目的。在本研究中,ESP 教师运用持续反思的手段修正与改善教学工作行为,ESP 教师对问题的反思是十分深入的,从发现问题到对于问题的深入剖析,并在本研究的目的初步达成后又发现了新的问题,从中也可以看出行动研究的特色在于在实践中发现问题,以研究解决问题。本案例中 ESP 教师十分重视研究中的实证因素,这是一种可贵的研究态度。

对于本案例,笔者认为以下方面有待于改进

(1) 以"行动研究案例"作为本报告的题目显得过于宽泛而缺乏针对性;

(2) 本案例"行动"体现得不够明显,应对行动研究的过程予以更详细的描述、归纳和总结;

(3) 行动研究要求教师运用一定的理论,系统地反思自己的教学实践,这一点本案例明显不够。

作为一名教师要意识到行动研究问题的核心是做,要明白自己在"做什么?""如何做?"以及"为什么这样做?"教师要对行动研究的过程感兴趣,并将行动研究融入 ESP 教学实践中。行动研究是一个创造性和自发的过程,在教师自己研究的背景下,信念将支持教师的行动研究。因此,教师应通过学习与实践,不时地评估自己的做法,以决定如何前进。例如,美国教育研究协会将"我们知道什么? 我们怎么知道的呢?"等问题作为 2001 年教师探讨的主题。这些问题不可避免地涉及教师自己的想法,教师会问,"我怎么知道? 我该如何来认识它? 我如何验证我的知识? 我怎么能与他人分享我的知识? 用我的知识能干什么?"这些问题作为组织原则贯穿于行动研究中。因此,离开实际需要空谈理论的科研是教师们不感兴趣的,只有从实际需要出发,以解决实际问题为目的的教育科研,才能为广大教师所接受。

我们已知道行动研究是一种手段,现已广泛用于与教育研究中以解决某一实际问题的一种方法。这样做可以解决问题和发展更深入的了解学生的需要以及自己的教学实践。对许多人来说,这是一种方式,教师可以探索和发展自己的研究能力。大学英语教师的行动研究是教师对自己的大学英语教学中的具体问题进行的研究,实际上是大学英语教师的教学研究。开展行动研究,有利于教学理论与教学实践的结合,有利于教师课堂教学方式的改进,有利于教师职业判断力的提高和专业化的发展。

二、教师行动研究案例2

研究背景:南京某大学某学院大二年级ESP课程,学生人数310人,使用自编ESP教材,执教教师为5名大学英语教师。

项目时间:2011年9月—2012年8月

发现问题:学生对ESP课程缺乏足够的认识,课堂气氛沉闷,学生出现倦怠现象。

提出假设:

(1)学生刚接触ESP课程,对专业词汇、阅读尚不熟悉,出现阅读困难。

(2)教师在ESP课程教缺乏经验,讲解不够明确、到位。

(3)教师对ESP学习中学生缺乏专业词汇问题重视不够。

初步调查:仔细观察ESP教学过程,同时对其中一个班52名学生进行了课后访谈,内容是对ESP课程学习的态度、难度及效果进行调查。调查结果显示36名学生表示喜欢ESP课程,还有16名学生因为难度大,不太喜欢。不喜欢的16人中,有的是由于自己英语语言薄弱,有的只觉得教师教学效果存在问题,因而在课堂上保持沉默,出现倦怠现象,还有的是因为不熟悉ESP课程学习的内容,同时他们也非常希望教师能在课堂上讲解得仔细一些、到位一些,从而使教学内容更加明确——这就会大大提高学生对ESP课程学习的积极性,同时课堂效率也会提高。

重新确认问题:所提出的三个假设都得到了证实,因此,问题是,如何在研究方案预定的时间内,有效地提高学生对 ESP 课程学习的积极性。

教师反思:学生刚接触 ESP 课程,对于用英语学习专业知识的接受能力较弱,尤其是在专业词汇和阅读方面学习,作为 ESP 教师缺乏一定的专业知识,教学效果不尽如人意。因此,需加强 ESP 教师专业培训与学习,调整自身的知识结构,能够在课堂上引导学生对 ESP 课程积极主动地学习,从而真正体现语言的专业性功能,以切实提高学生的语言应用能力。

行动方案设计:经过认真思考和与本校教研组教师的交流,决定采用以下的方式对我的教学进行改革。

(1) 提高学生对 ESP 课程学习的意识。首先就大学英语课程转向 ESP 课程的目的让学生有清楚的认识;再让学生分组讨论 ESP 课程学习的作用和意义并相互交流,有意识地培养学生将专业知识与语言知识共同学习的意识。

(2) 要求学生在平时要注重专业知识的积累,在给定的主题内阅读 ESP 课程内容。在设计 ESP 课程中重点考虑这类内容,如图 6-5 所示。

图 6-5 ESP 课程计划过程中考虑的内容

资料来源:自绘

(3) 访谈活动。研究过程中和研究结束时各一次。

实施计划:

(1) 数据收集方式:此项研究的数据收集方式主要是访谈,研究过程中一次和研究结束时一次。研究过程中访谈的目的主要是为了发现问题以便及时调整计划,而研究结束时的访谈主要是为了使学生能够比较自如地表达自己的看法,以便进一步使教师改进教学方法,提高教学的有效性。

(2) 预期效果:通过讨论交流 ESP 课程学习的意义和作用,希望学生提高对 ESP 课程的学习意识,尤其是希望学生将语言知识应用到专业知识的学习中;进一步提高学生对 ESP 课程学习的信心、参与性和积极性;希望学生能提高自己的英语水平,真正达到应用的目的。

教师们用行动研究的方法来帮助自己更好地理解教学,解决和学习相关的问题。在行动研究中,教师先确定了与课堂有关的问题,设计如何以课堂上收集问题的有关信息,通过反思收集到的信息,更深入地了解被研究的对象,教师增加对现象的理解,并能够提出进一步行动研究的方向。

教师们通过行动研究说:行动研究给了我们信心,通过具体实践与反思,在教学过程中不断地根据学习者的需求和根据 ESP 课程的要求提出自己的见解,形成自我发展的意识;同时,行动研究培养了我们探究的意识,需要我们不断地学习与提高。

上述两个案例表明教师通过行动研究可促进他们的专业化意识和发展,主要有以下益处:

(1) 更加意识到 ESP 课程的性质和 ESP 的教学和学习方法;

(2) 对行动研究理论和实践有了新的认识;

(3) 以内在的动机进行行动研究;

(4) 更多的反思和自省;

(5) 更多地了解协同行动研究,对同行更加开放和宽容地进行评价；

（6）更了解学生的长处和需求；

（7）更多的自我意识，自信和自我实现。

未来的 ESP 教师教育计划，可以使用案例研究作为学习工具，进行 ESP 课程的实践。行动研究是一个教育性的对话，教师对在课堂上发生的事情已经开始学会思考，这表明他们已意识到自己在做什么了。虽然教师可能有不同的背景，但核心的问题是学习，而促进教师发展的中心是激励教师的学习能力。

有时，人们批评行动研究是无意义的自我反思，事实并非如此。教师进行行动研究是帮助他们了解如何影响教学与专业发展变化的一种方式。这一思想符合马克思主义的理论，但仅了解世界是不够的，应该试图将世界改变得更好。因此，教师在进行行动研究时，还应遵循以下原则：

（1）构成行动研究的问题，“我如何改进我正在做的工作?”这个问题的根本意图就是帮助学习者。

（2）决定调查正在做的工作，并要有改进提高工作的意见。这将有助于教师更加全面地了解情况。

（3）更深入的理解问题，将有助于教师评估其工作，必要时做出适当地调整与改变。

（4）对事物的发生应该有个预期，对研究结果应加以验证。

教师发起的行动研究有助于加强教学研究和学生之间的纽带，教师发展的重点和方法是教师教育与研究的参与，教师专业发展方向是教师采取行动研究，这是一个有效的方法。行动研究目前的做法和英语教学 ESP 方案或课程的项目设计间有一个幸运的巧合，尤其是在用于英语背景的项目或方案的情况下，行动研究与外语教学 ESP 课程，开始于需求和变量的调查，验证项目的可变性和相关性，然后建立后续设计中的结果。例如，建议教师——研究者“采取广泛的调查”，“进行初步的调查”，“逐步集中调查”。这样，一个更具体的研究重点将成为“批判性反思”，教师研究的目的之一是“评估学科优势和对他们采取行动。”

就专业发展、创新，方案设计，教育管理，研究方法等方面从不同的文献中引证了几项原则为指导方法应用到行动研究中，基本包括：

（1）理论、实践与背景知识相结合；

（2）详细的前期规划和明确的宗旨，信念和价值观；

（3）机构管理对项目的验收及随后的研究参与者；

（4）项目的关联性和可行性。

行动研究已发现对教师和学生是大有裨益的，行动研究的有用性表示如下：

（1）将有助于扩大和加强教师对自己的知识，对学习者的教学和研究方法。这是教师学习最佳的时机，有利于教师专业发展。

（2）将有助于教师在研究的基础上发展 ESP 课程。

（3）将为今后更广范围内的研究揭示许多潜在问题或领域。

（4）将为教师研究者提供参加会议的材料。

（5）将鼓励教师发表和出版研究成果。

第七节　本章小结

本章重点论述了 ESP 教师行动研究的实践与创新。首先从教师行动研究与专业化发展的关系入手，阐述了行动研究是教师通过具体的实践来进行的，而不只是停留在理论的层面上。其次，教师应遵循行动研究过程中具体的实践步骤和程序进行研究，建立教师行动研究工作坊，鼓励教师以合作的方式进行对问题的探究；同时，教师在行动研究的过程中，应注重课堂创新与教师专业发展的关系，即教师通过对课堂教学的研究来促进个人专业化的发展，并养成反思性教学的习惯,在应用科学理论的背景下,对实践教学与研究进行不断地反思与评价,为新的行动做好准备。最后,本章介绍了 ESP 教师行动研究案例,通过教师具体的实践参与给出了一些心得体会;教师清楚地认识到行动研究具有可行性和有效性,有利于教师的专业化发展。

第七章 结 语

第一节 行动研究对教师发展的意义

一、对教师教学研究的意义

首先,行动研究是针对教师在课堂上遇到的实际问题(practical issue)而出发的,它是解决教育研究中理论脱离实际倾向的一种良好的途径。一般研究多着眼于理论层面,理论与实践脱节是我国教育研究中长期存在的一个问题。在某种程度上,教育科研成了专家们的专利。他们多半是通过间接的资料进行研究,其主要目的是为了出书或撰写论文。即使联系学校的实际也基本上是处于旁观者的角色,是"关于教育的研究",而不是"为了教育的研究"。行动研究则着眼于实际的教学问题,换言之,研究的主人翁是一线教师。

其次,行动研究的结果是一些能改进教学问题的新做法。教师通过有系统地搜集证据,寻找出哪些才是有效的解决方案。值得一提的是,研究虽然是针对教师遇到的问题,但这并不表示他们是问题教师;相反,优秀的教师才会不断改进自己的教学质素,达到精益求精。因此,行动研究不单是知识的增长,还意味着教师专业发展不断的提升。

另外,教师要采取哪种教学策略(行动)来解决所遇到的问题,就像一项研究假设(research hypothesis)。教学行动旨在探讨能否有效地改进现存的问题,教学其实就是研究的一部分。换句话说,行动研究也是一种教学方式——教学和研究两者是不可分割的。

教师进行合理化的行动研究,主要关注的是教师行动研究的范围、程序和方法。ESP 教师发展方面,Lange(1990)认为"教师发展是一个不断地增长知识、经验和态度的过程。"在这个意义上说,教师发展可视为教师长期的个人专业成长,通常被称为"教育"或"持续的专业发展(CPD)",传统上被称为"培训"。"培训"是教师教育和培养教师处理问题及改变态度的过程,并要求教师在参与行动研究的过程中提高解决问题的能力。

在这种背景下,教师要有意识注重个人的专业化发展,构成教师发展方案,我们可以从以下几方面帮助教师自我发展:

(1)提高在教学环境下对教育与教学理论原理知识的认识。

(2)提高教师与教师,学生与教师,教师与管理人员合作的重要性的认识。

(3)通过教师发起的行动研究,开展课程。

(4)提倡教师进行反思性教学和自我评价。

(5)提高教师在行动研究中的角色意识。

总之,行动研究的主体不是理论研究工作者,而是教育的实际工作者;研究的目的不是描述和解释教育的研究,而是改进教育实践的研究;研究过程不是游离于教育实践之外,不是一种旁观者的研究,而是为广大教师所理解、掌握和应用的一种研究方法,教师的收效自然也很大。这一方法,不仅促进了科研对实践的指导作用,而且促进了教育理论的发展。有人认为,中国没有出现真正的教育家,没有自己的教育学,理论脱离实际是主要原因。而教育行动研究恰好相反,一方面,它的实践性是非常明显的。无论是研究的出发点、研究的目的,还是研究的主体、研究的过程都离不开实践;另一方面,行动研究也重视理论的作用,它强调理论工作者与实际工作者的结合,使两者相互合作,平等对话,共同促进和提高。教师可以从专家那里获得必要的专业理论知识和研究技能，理论工作者也可以从真实的教育实践中获得第一手材料，发现新问题和新课题，甚至发现和创造新的理论，使研究成果更容易为广大教师所接受。由此，我们不由得想起了前苏联的著名教育家苏霍姆林斯基，他所走的教育研究的路子，就是一条理论与实践相结合的路子。作为帕夫雷什中学的校长，从1948—1970年，他跟踪观察和研究了29个班级，共700余名学生从入学到毕业整个10年学习期间的生活。根据大量的实际材料，他分析了这些学生在德、智、体诸方面的成长过程，揭示了他们的知觉、情感、兴趣、需要、意志的心理发展和言语的不同特点。在长期的教学工作和教育研究中，他撰写了41部专著和小册子，600多篇论文，约1200篇文艺作品。其中许多著作被译成30多种文字在国内外出版。苏霍姆林斯基堪称理论与实践结合的典范，用今天的眼光看，在一定的意义上，他也可以说是教育行动研究的楷模。由此可见，行动研究是一条实现理论与实践结合的坦途，值得大大提倡。20世纪90年代以来，西方学者提出了所谓“V－S联合”即“大学—中小学联合”的教育研究发展模式，主张大学教师与中小学教师联合起来，各取所长，共同促进教育理论和教育实践的发展，确实是很有见地的。

以行动研究这一新的方式进行工作，可能会优于大多数教师之前的工作方式，这更符合教师发展的希望。教师们生活在他们的价值取向中，尽管可能仍然有很长的路要走。虽然教师们已经解决了一个个问题，但其他的问题可能已经出现，教师们需要注意，也许在解决一个问题的同时，没有预料到的其他问题已经出现了。这是无止境的，也是自然发展的实践准则，更是进行行动研究的乐趣之处，因为问题是永远存在的。

每个结束都是一个新的开端。行动研究为个人和社会重建构成了有效的方法，教师要不断地思考与探索，对于未解决的问题不能放弃，只要教师能保持清醒的意识，不断开启新的起点，就有能力影响更多的人进行行动研究。

行动研究有利于突破教育科学实验的种种限制,比较简便易行,容易为广大教师所接受。迄今为止,在教育科学研究领域,许多人采取了思辨研究的方法。这种理论推导和资料引证的方法,对于承担着繁忙的教育教学任务的教师来说,既有一定的难度,又缺乏现实的运用价值。还有一些教育研究工作者,采用了实证主义的研究方法。为了追求量化、客观化和精确化,往往想方设法控制某些变量,力图使教育研究模仿自然科学实验。这种方法虽然有一定的指导意义,但教育科研有其自身的特点,它是以人为对象,环境千变万化,因果关系相当复杂,不能简单的模仿、照搬自然科学的实验方法。加之,它在实验研究之前,就从理论假设、实验原则等方面对实验者的理论水平提出了较高的要求,因而对大多数教师来说,也不一定适合。而教育行动研究,是从实际出发而非从理论出发,可以边研究、边学习、边改进,正好能避开上述两种研究方法的局限性,容易在教学教育中开展。

教育行动研究有利于改进学校工作,提高教育教学质量;有利于提高教师的教育理论水平和教育教学能力,培养出科研型教师。国内教育行动研究的实践,可以有力地证明这一论断。行动研究把教师从终日忙于应付学校事务的状态中解放出来,使教师确立明确的发展方向,形成清晰的研究思路,提高专业能力和水平。同时使教师走上靠科学研究提高教育质量的正路。教师最大的收获是学会反思,学会研究,学会在研究状态下工作。通过行动研究使教师从‘教书匠’向研究型教师迈出可喜的一步。

二、教师开展行动研究的意义

(一)行动研究可转变教师的教育观念

“革新必革心”,教育观念的更新是教育改革成功的前提。按照行动研究的理念,教师是研究者,不再是单纯的执行任务者,具有了主动认识问题、解决问题的意识和对自己教育行为的反思意识。行动研究使研究成为教师最有效的学习,使课堂实践变为教师最实在的工作空间。在研究实践中教师树立了终身学习和创新学习的新理念。行动研究有利于教师解决教育实践的实际问题，促进教学改革，教师在充满不确定的教学环境中，通过实践不断开展行动研究，把所学的知识、原理和教学实际结合起来，采取适合特定情景的教学行为，形成优化的教学实践模式。广大教师在实践中积累了很多宝贵经验，深入分析和总结这些教改经验，丰富和充实学科理论体系，解决教育实践的问题，必将进一步促进教学改革。

（二）行动研究可转变教师的角色，促进教师专业发展

行动研究要求教师从传统的知识传授者与灌输者角色变为研究者和学习者。在研究和学习中，教师与专家、学生在平等民主的气氛中共同合作。日渐深入的教育改革使得新的教育思想、新的课程计划、新的教学方法和设施等不断地出现，要求教师在知识结构上更新、在情感与技能上适应，并需要教师对之做出评价，这种压力成为许多教师从事研究的动因。可以认为，行动研究是培养和促成"研究型"教师的重要途径。教师的专业能力不是仅靠学习专业学科知识和教育科学知识就可以转化生成的，也不是仅靠教学经验积累、阅历的增多自然积累的，而是需要教师在教育、教学工作中投入大量的精力进行行动研究，并将理论应用于实践中（钟启泉，崔允漷，2003）。也就是说，发展教师专业能力内在地要求教师在实践中进行在理论指导下的具体研究工作——行动研究，加深对理论的理解和辨识，分清理论的优缺点；更完善地了解和更准确地把握教育、教学情境，更敏锐地洞察、更深入地分析、更恰当地解决教育、教学情境中的具体问题；形成改进教育、教学实践的方案或措施，促进实际教育、教学工作的合理、科学与有效以及专业工作能力的不断提高。

（三）行动研究对开展科研兴校有一定的指导意义

行动研究对开展科研兴校有一定的指导意义，一方面学校通过专业学科或教育科学的学术性研究，促进学校的发展和形象的提升；更主要的是学校通过教育、教学研究，改进实践工作，提高人才培养质量，提升学校形象，促进学校发展。教师受学科专业知识、教育科学知

识、工作经历、时间和精力的制约，从事专业学科研究、教育科学研究有一定的难度；另一方面，教师习惯进行的经验总结，个案分析，只能就事论事，对问题的认识和理解处于较肤浅的水平，对教育、教学改进的参考价值不大，也不能作为科研兴校的最佳选择。根据实际，行动研究促进教师专业化发展的最重要的是教师把自己看成是教育者和研究者统一的人，在实际教育、教学中开展研究工作，从问题的发现、假设的提出、问题研究方案的拟定和具体实施、研究过程的调整乃至结论的作出和解释方面都严格按照科学研究的统一规范和程序进行，从而使学校教师和学生都受益。

第二节 行动研究现阶段的局限性

行动研究从 20 世纪 50 年代正式兴起到 50 年代后期的衰落，再到 60 年代中期之后的复兴，直到今天的如日中天般的发展，期间经历了一个曲折的历程。一方面，它受到众多教育研究者和工作者，特别是一线教师的欢迎与支持；另一方面，也受到不少专家学者的批评，行动研究在我国的发展时间虽然不长，但也暴露出了不少问题。行动研究有别于一般的真正的科学探究。激烈的争论，分歧常常发生，然而行动研究者则一致认为，行动研究是基于一定的原则的，有关行动研究的重点是：如何做？谁来做？为什么？可能的结果是什么？

主要存在五大误区或问题，表现为：

(1) 在课题选择上，缺乏解决具体问题的针对性和实践性；

(2) 在对问题的界定上，缺少深入分析和科学界定说；

(3) 在研究的假设上，缺少科学性和可操作性；

(4) 在行动实施上，忽视了过程研究；

(5) 在评价指标上，评价的指标与实验的目标不相一致，导致对结果的虚假解释。

行动研究是质的研究，其科学性似不严谨，这也是反对行动研究者最常批评的地方。事实上，行动研究其特色是与真正的实验价值相反的，其目标随情境而异，而且是在解决特定的、实际的问题；其样本是有限的，不具代表性的；对自变量不加以控制，其研究结果不加以概括化，仅适用于研究实施的情境。

所以，自行动研究产生以后，就有这样或那样的非议，有的说行动研究本身存在的问题，有的则是对行动研究的误解与误用。认为行动研究由于其非正规性而缺少科学的严密性，在实际研究中，不可能严密控制条件，其结果的准确性、可靠性不够。例如，有人认为，行动研究法具有以下局限性：

（1）研究质量不高，难以将结果推广到实际应用中；

（2）研究者本身在观念、时间和能力方面存在限制；

（3）由于研究中主管人员不支持或群体间意见的不一致，造成协调上的困难；

（4）研究是自行应验效果，难以客观地诊断问题。

第一点属于对行动研究的误解，难以客观地诊断问题。第三点属于对行动研究误用后产生效果的批评，并不是行动研究本身的弊端。第二与第四点倒是与行动研究自身的缺陷密切相关。

行动研究从一开始就蕴藏了“校外研究者与教师之间”的“合作尴尬”这个特性的难题。当教师打算以行动研究的方式解决问题时，往往需要“校外研究者”（outsiders）的合作和帮助。“校外研究者”介入教师的行动研究是必要的，他们可以通过“合作”的方式为教师提供相关的专业支持，比如通过讨论、协商或者必要的专题讲座等方式为教师提供相关的教育理念和研究方法的信息。这种“合作”参与研究的观念导致后来“合作性行动研究”概念的产生。因此行动研究常常被称为“合作性行动研究”或“合作研究”，强调参与行动研究的教师由个人化的、孤岛式的研究走向群体合作性研究。行动研究虽然可以是教师个人化的反思性教学，但行动研究更理想的方式是一种群体的反思，或者说，是基于教师个体反思的合作性研究。

“校外研究者”的介入原本出于一番“善意”，这使行动研究有了“合作”的精神。但是，校外研究者的介入，也带来了行动研究的困难。当教师缺乏必要的研究经验而“参与”行动研究时，行动研究的困难往往在于没有大学研究人员（即校外研究者）的“合作”和“指导”。而一旦大学研究人员介入行动研究之后，行动研究的困难又恰恰来自校外研究者的“指导”及其与教师的“合作”。有人称之为行动研究的“合作尴尬”。

这种“合作尴尬”主要显示为教师在“合作的行动研究”中丧失自己的独立性，越来越丢失自己的专业自主。当教师越来越成为“校外研究者”（或称为“专家”）的执行者或者“被试”（object）时，行动研究的“合作”便由原来的“共同发展”、“相互促进”等退化为“人事障碍”。

不过，“合作尴尬”与其说是行动研究的“人事障碍”，不如说是行动研究中常常需要警惕的一个困难，或者说，“合作尴尬”显示了行动研究的某种艰难性。行动研究的“艰辛”之处就在于：初始化的行动研究总是需要有“大学研究者”（专家）的介入和合作，但这种“合作”又只能以教师“专业自主”为前提。

走出“合作尴尬”是一个艰辛的过程。对大学研究者而言，这种“艰辛”意味着既为教师小心地提供专业引导和专业支持，又不能越出引导和支持的范围而“越俎代庖”；对于教师而言，这种“艰辛”意味着既要从大学研究者那里汲取“专业智慧”，同时又不得不守护自己的专业自主，随时能够为自己的观念和行为做专业辩护。也就是说，教师在行动研究中既需要取“合作”的态度，而这种“合作”又不以牺牲自己的“专业自主”为前提。

第三节
行动研究与 ESP 展望

自 20 世纪上半叶以来，行动研究在西方得到了蓬勃发展，并建立了自己的组织，还创办了相应的期刊，可谓声势浩大。20 世纪 80 年代初，“行动研究”开始进入我国学者的研究视野。总的来说，既有从理论上对行动研究的系统介绍，也有实践尝试，但相关研究还是处于较浅的层次阶段，更多的是对国外的行动研究的介绍。这也无可厚非，因为任何一种理论从移植到生长繁殖都需要有一个过程。从所查阅到的有关行动研究的资料来看，20 世纪 90 年代以来，我国对行动研究不论是在理论上还是在实践上都取得了可喜的成绩。尤其是近些年，行动研究在我国得到很大的传播，且大有燎原之势。

行动研究对于 ESP 教师来说本身就是一个新的出发点，是对满足现状的一种挑战，是教师通过研究使自己对正在做的工作有一个更深入的了解。大学英语课程改革的实施，正朝着一个更合理的目标推进。教师应力求在不断变化中成长与发展，关注与调查变化，以实现教育的辩证与互动关系。因为一个人对教学实践的认识，形成支持性的伙伴互助关系对个人和专业成长有着深远的意义（钟启泉，张华，2000）。

ESP 教师行动研究应渐渐形成制度化，需要进一步在我国进行推广，并扩大 ESP 教师的经验和知识，以帮助大学英语教师专业化发展。通过以下切实可行的建议实现 ESP 未来的愿望，通过其工作人员和教师——研究员的承诺，可以尝试短期和长期实现。

（1）宣传：以“教师发起的行动研究”这一思想来促进教师行动研究。可以通过举办研讨会或 ESP 会议，通过论文、理论和实践的做法；

也可以邀请同事共同商定未来的计划和协作项目。组建一个课题研究团队，应考虑这几方面：① 指导委员会的组成；② 项目团队（顾问、协调、管理人员和评估）；③ 召集人；④ 参加教师。

（2）合作：行动研究应加大有关各方之间的合作。教师行动研究需要和更多不同层面上的合作，通过努力建立合作一个研究小组，相互交流与沟通。行动研究项目研究应设置项目协调员来协调学校各级的工作，使机构之间协同进行行动研究，并在更广的范围内，团结努力，达到一个较高的学术研究水平。

（3）网络：在我国，英语教学专业人员一般是孤立的。我们需要建立一个专业组织，在与其他国际和区域组织进行链接，尝试连接到本地和国际的网络。连接会给教师支持和帮助，使教师跟上该领域的发展；同时为教师提供一个重要的论坛，以验证教师的想法和创新。ESP 行动研究可以在建立这样的网络中发挥至关重要的作用，以扩大教师的知识和经验进行行动研究。

（4）鼓励和分享教师行动研究报道，出版论坛是必要的。这可以采取编辑书籍、会议记录或简报的形式。有趣的和有启发性的案例研究，可用于教师发展方案中。根据笔者在英国的经验，还可通过课题补助金用于促进和鼓励教师进行行动研究。

像在英国如要申请 ESP 教师职位的教师应具备这些要求，包括：有五年的英语教学经验，至少应该拥有硕士学位的资格。目前在我国整个高等教育的体系中，就 ESP 教师的评价是不存在的。所以，我国应加快建立 ESP 中心来负责在职教师的培训。此外，各高等院校的英语系和 ESP 中心之间的合作和协调，来支持在职培训。总的来说，大学英语教师的 ESP 学习的机会几乎是空白，特别是在实践层面（在职培训）和学术水平（认证）方面。这些都阻碍了 ESP 教师的成长和提高。

第四节 尾 声

行动研究作为一种日益兴起的研究方法，对教师发展具有重大意义。教育行动研究的研究对象是当下发生的教育实践，研究者本身就是实践活动的参与者，研究的目的旨在提高行动质量、增进行动效果。

支持教师为他们从事的工作进行调查和了解，这也是自己学习的过程，以理论支持开始自己的研究工作，创建理论与实践。随着实践的发展，在一定的理论基础上形成自己的理论，有助于教师改进他们的教学情况和实践的做法。

这种观点是将知识经验运用到实践中。行动研究帮助教师在工作场所的实践过程中去理解自己传统知识的不足，通过行动研究学会教学。即使是不知道行动研究是什么，答案会随着时间的推移出现，坚持探讨与实践，加强这方面的经验对教师来说是多么的重要。

可以肯定地说，生活本身是不可预知的，是令人惊讶的，是具有创造性的自我改进与提升的过程，是生成和转型。还可以肯定生活是渐进的，生活是变化的；与不确定性总是相辅相成的，这并不矛盾，是辩证的。

教师专业发展环境中对教学与研究的追求是教师的一种责任，只有做到这一点，才能确保学生得到正确的引导。鼓励教师在他们自己独立的思想和精神中发展自己的信心，发挥新的思路，向自我挑战，并抵制社会背景下的某些封闭思想。鼓励教师成为了解自己如何学习，并利用自己的知识，提高自己在社会中的价值。

例如，传统教育通常采取的是人与人之间的互动，从而引导学生学习和成长。然而，教育的概念是如何理解现实生活的过程。Dewey

的民主教育原则适用于学习,发展和许多其他的潜在的价值观念,代表的是现实。教师学习,就像人们学会关心——是弥补自身的不足,是促进个人专业化发展的方法。战争可以促进和平发展的进程,语言的意义并不总是沟通。因此,重要的是超越文字的概念,语言发展理论和我们的生活息息相关;而生活的意义是人们采取行动的过程,因为人们想通过自身的价值观去实现心中的目标;教师在实践过程中,可以领会他们的价值观的含义。

教师专业发展作为一项工程与科学发展方面有着相同之处:每一种发展都有其自己的理解,生活在世界上,尝试对人类发展的多样性和丰富性的理解,社会进步需要人们的认识,需要尊重多元化发展和独立的思想。

教师发展包括专业学科知识、教育科学知识、教学经验以及专业工作能力等方面。教育心理学的研究和教育实践证明,教师的专业学科知识与学生的成就之间并不存在统计上的相关性,丰富的学科知识并不是成为好教师的唯一条件;教师掌握教育科学是一回事,应用这些知识将教育、教学实践导向合理、科学和有效是另一回事;教师的教学经历或经验并不是教学质量的唯一衡量指标,事实上教学优秀的教师并不都是教龄长或者教学经验丰富的教师;教师在不断变化的教育、教学实践中积累和发展的专业工作能力对教育、教学的成败具有最直接的影响。教师的这种专业能力不是仅靠学习专业学科知识和教育科学知识就可以转化生成的,也不是仅靠教学经验积累、阅历的增多而自然积累的,而是需要教师在教育、教学工作中投入大量的精力进行研究,并将理论应用于实践中。也就是说,发展教师专业能力内在地要求教师在实践中进行在理论指导下的具体研究工作——行动研究,加深对理论的理解和辨识,分清理论的优缺点;更完善地了解和更准确地把握教育、教学情境,更敏锐地洞察、更深入地分析、更恰当地解决教育、教学情境中的具体问题;形成改进教育、教学实践的方案或措施,促进实际教育、教学工作的合理、科学与有效以及专业工作能力的不断提高。

从国际范围内总体来看,教师专业化发展呈现以下12大趋势:

(1)教师教育目标的全面性;

(2)教师教育的专业化水平不断提高;

(3)教师教育的层次不断提高;

(4)教师教育由单一系统向多元系统转变;

(5)教师教育由追求数量向追求质量转变;

(6)教师教育由一次性教育向终身教育转变;

(7)封闭型与开放型教育模式相结合;

(8)学术性与师范性发展取向相结合;

(9)理论培养和实践训练相结合;

(10)教师教育逐渐走向一体化,且越来越重视教师的在职教育;

(11)教师教育越来越关注教师教育理念的形成和人格塑造;

(12)教师教育越来越关注教师自我教育能力的培养。

因此,促进教师的发展,通过工作体现个人层面的价值。在实践中成长,从经验中学习(吴一安,2005)。体验式学习可以完善和扩展知识学习,两者是相辅相成的,而不是独立的。提高教师的专业素质已成为现代教育领域中的一个热点问题,也成为各国大力发展的共识。作为一个专业教育工作者的责任是帮助人们来理解他们同样类型的生活。时代向教育的挑战不是数量的扩展,原有教育的修补和完善,而是要拥有一个良好的实践模式。然而,学习自己所相信的最好是实践,学习会产生社会效益,学习的本质是将新的想法尽可能地传递给大众。构建教育的本质,要求教师具有较高的教育素质。教师的工作是教育,鼓励教师看到自己的能力,为新的方向采取措施,并以饱满的热情、智慧、实践和政治支持使之发展。正像联合国教科文组织在《从现在到2000年教育内容发展的全球展望》中所提出的:"为组织适应未来的教育,我们需要有新型的教师。"正是面对这一迫切的现实要求,世界各国纷纷开始将教育改革的重点转向教师队伍建设,以教师专业化作为提高教师素质、改善教育质量的重要途径。

行动研究关注的不是各学科分支中的“纯理论研究者认定的理论”问题，而是教育决策者、校长和教师们日常遇到和待以解决的“实践”问题。它是以诊治具体教育情景问题为主要内容，以改进教育实践问题为根本目的，它有利于教育教学质量的提高，因此，行动研究为教师改进自己的教学提供了途径。教师以在教学环境中遇到的实际问题作为自己研究课题，而这些问题的解决将有利于促进教学质量的提高。“如果一个人在进行教学的同时也进行研究，那么他的教学效果一定会得到进一步的提高，即使他们的研究工作，并不像他希望的那么成功，但可以继续有效地进行教学。一般说来，总会得到答案的。”(叶澜，1991)

其次，行动研究强调提高教师对自己行动的反省和分析解决问题的能力，强调教师在自己的教学实践中的“反思、研究”，强调教师通过从事行动研究来扩展和提高自己的专业知识及技能，从而使教师最终脱离“教书匠”而走向“学者型”教师和“教育家”，促进教师专业化发展。因此，现在行动研究为教师的成长开辟了一条新的途径。

再次，行动研究对教师来说不仅是一种改进教育实践的研究方式，它更是一种促进教师实现个人价值的生活方式。在这种生活方式中，教师体会到自己的责任，体会到自己存在的价值和意义；在这种生活方式中，教师凭借自己的力量，把自己和教育对象紧密地联系在一起，并与他们共同构成了自己的生活世界；在这种生活方式中，教师必须发展自己的理性，成为自己的主人。教学与研究成为教师职业生命的两条腿，缺一不可；反思与研究也成为教师的一种生活方式，成为教师专业发展的内在需要，教师在反思与研究中获得新生。

参考文献

[1] Bell T. Do EAP Teachers Require Knowledge of their Students' Specialist Academic Subjects? [J] The Internet TESL Journal, 1999(10).

[2] Calhoun E F. How to use action research in the self-renewing school[M]. Alexandria VA: ASCD,1994.

[3] Carr W, S Kemmis. Becoming Critical: Education, Knowledge and Action Research[M]. London: The Falmer Press, 1986.

[4] Dudley Evans T, John M. Developments in English for Specific Purpose [M]. Cambridge: Cambridge University Press, 1998.

[5] Dewey J. Experience and Education [M]. New York: Collier Books,1963.

[6] Dewey J. How We Think[M]. Chicago: Henry Rtgnery,1933.

[7] Elliott J. Reconstructing Teacher Education, Teacher Development [M]. London:The Falmer Press, 1993.

[8] Elliott, J. Action Research for Educational Change[M]. Milton Keynes: Open University Press,1991.

[9] Elliott J. Action research for educational change[M]. Bristol, PA: Open University Press,1991.

[10] Fullan M. Change forces: Probing the depths of educational reform [M]. London: The Falmer Press,1993.

[11] Fullan M. Emotion and hope: Constructive concepts for complex times// A Hargreaves. Rethinking educational change with heart and mind[M]. Alexandria, VA:ASCD,1997.

[12] Hutchinson T, Alan Waters. English for Specific Purposes[M].

New York: Collier Books, 1987.

[13] Hopkins D. A Teacher's Guide to Classroom Research[M]. Milton Keynes: Open University Press, 1985.

[14] Huberman M. The professional life cycle of teachers[J]. Teachers college Record, 1989,91(2).

[15] Hutchinson T, Waters A. English for Specific Purposes: a learning-centred approach [M]. Cambridge: Cambridge University Press, 1987.

[16] Jordan R R. English for Academic Purpose[M]. Cambridge: Cambridge University Press, 1997.

[17] Janesick V J. The dance of qualitative research[J]. Educational Action Research, 1994.

[18] Jarvis J. Two Core Skills for ESP Teachers[J]. The ESP Journal, 1983,2(1).

[19] Kemmis S. Action Research// T Husen. The International Encyclopedia of Education[M]. Oxford:Pergamon,1985.

[20] Kemmis S. Action Research// M M Hammersley. Educational Research: Current Issues[M]. London: Paul Chapman with the Open University,1993.

[21] Kemmis S, McTaggart R. The Action Research Planner [M] Greelong: Deakin University Press,1988.

[22] Lewin K. Action research and minority problems[J]. Journal of Social Issues,1946,2(4).

[23] Lomax P, Evans M, Parker Z, etal. Knowing ourselves as teacher educators: Joint self-study through electronic mail[J]. Educational Action Research,1999,7(2).

[24] Lange Dale E. A blueprint for teacher development// Richards Jack, C, David Nunan. Second Language Teacher Education

[C]. Cambridge:Cambridge University Press, 1990.

[25] Lyons J. Chomsky[M]. London: Fontana,1970.

[26] McNiff J. Teaching as Learning: An Action Research Approach [M]. London: Routledge,1993.

[27] McNiff J. Evaluating the educational impact of information and communications technology in Irish schools // Paper presented at the International Conference for Teacher Research[M]. Richmond: British Columbia, 2001.

[28] McNiff J, J Whitehead. Action Research in Organizations[M]. London: Routledge,2000.

[29] McNiff J, Collins ú. A New Approach to In-career Development for Teachers in Ireland[M]. Bournemouth: Hyde,1994.

[30] McNiff J, Lomax P, Whitehead J. You and Your Action Research Project[M]. London: Routledge,1996.

[31] McNiff J, McNamara G, Leonard D. Action Research in Ireland [M]. Dorset: September Books,2000.

[32] McNiff J. Action Research: Principles and Practice[J]. Macmillan Education, 1988.

[33] Mckernan J. Curriculum Action Research[M]. London: Routledge,1996.

[34] Nunan D. Action research in the language classroom// J C Richards, D Nunan. Second Language Teacher Education[M]. Cambridge: Cambridge University Press,1990.

[35] Nunan D. Research Methods in Language learning[M]. Shanghai: Shanghai Foreign Languages Education Press,1992.

[36] Richards J C. Beyond Training[M]. Cambridge:Cambridge University Press,1998.

[37] Robinson P C. ESP Today: A Practitioner's Guide[M]. Hemel

Hempstead: Phoenix ELT, 1991

[38] Shulman L S. Knowledge and teaching: Foundations of new reform [J]. Harvard Educational Review, 1987(57).

[39] Stenhouse L. Research as a Basis for Teaching// J Rudduck, D Hopkins. Research as a Basis for Teaching: Reading from the Work of Lawrence Stenhouse[M]. Oxford: Heinemann,1985.

[40] Stenhouse L. An Introduction to Curriculum Research and Development[M]. London: Heinemann, 1975.

[41] Strevens P. ESP after twenty years: a re-appraisal TichooM. ESP: State of the Art [C]. Singapore: SEAMEO Regional Language Center,1985.

[42] Schwab J J. The Practical: A Language for Curriculum[J]. School Review,1969(78).

[43] Stephen Maxwell Corey. Action research to improve School Practices[M]. Cambridge:Cambridge University Press,1953.

[44] Underhill A. The role of groups in developing teacher self-awareness[J]. ELT Journal,1992,46(1).

[45] Vygotsky L S. Mind in Society: The Development of Higher Psychological Processes[M]. Cambridge, Mass: Harvard University Press,1978.

[46] Van Lier L. Some features of a theory of practice[J]. TESOL Journal, 1994,4(1):6-10.

[47] Van Manen M. Linking ways of knowing with ways of being practical[J]. Curriculum Inquiry,1977(6):205-228.

[48] Woods D. Teacher Cognition in Language Teaching[M]. Cambridge:Cambridge University Press,1996.

[49] Wallace M J. Training Foreign Language Teachers: A Reflective Approach[M]. Cambridge:Cambridge University Press,1991.

[50] Wallace M J. Action Research for Language Teachers[M]. Cambridge: Cambridge University Press, 1998.
[51] 蔡基刚. ESP 与我国大学英语教学发展方向[J]. 外语界,2004(2).
[52] 蔡基刚. 大学外语教学改革和争议暨外语教学的学科性探讨[J]. 外语电化教学,2012(1).
[53] 蔡基刚. 转型时期的我国大学英语教学特征和对策研究[J]. 外语教学与研究,2007(1).
[54] 蔡基刚. 后大学英语教改依据与对策研究[J]. 外语电化教学,2010(3).
[55] 蔡基刚. 关于我国大学英语教学重新定位的思考[J]. 外语教学与研究,2010(4).
[56] 蔡基刚,廖雷朝. ELE 还是 ESP. 再论我国大学英语的发展方向[J]. 外语电化教学,2010(5).
[57] 蔡基刚,廖雷朝. 学术英语还是专业英语——我国大学 ESP 教学重新定位思考[J]. 外语教学,2010(6).
[58] 蔡基刚. 我国大学英语消亡的理据与趋势分析[J]. 外语研究,2012(3).
[59] 蔡基刚. "学术英语"课程需求分析和教学方法研究[J]. 外语教学理论与实践,2012(2).
[60] 蔡基刚. 基于需求分析的大学 ESP 课程模式研究[J]. 外语教学,2012(3).
[61] 蔡基刚. 大学英语教学转型时期的我国英语专业课程设置改革[J]. 中国外语,2012(1).
[62] 陈向明. 在行动中学作质的研究[M]. 北京:教育科学出版社,2003.
[63] 戴炜栋,张雪梅. 探索有中国特色的英语教学理论体系——思考与建议[J]. 外语研究,2001(2).
[64] 戴炜栋. 外语教学的"费时低效"现象——思考与对策[J]. 外

语教学与研究,2001(7).

[65] 段平,顾维萍. 我国大学 ESP 教学的发展方向探讨[J]. 外语界,2006(4).

[66] 范谊. ESP 存在的理据[J]. 外语教学与研究,1995(3).

[67] 高战荣. 大学英语教师知识结构研究:[D]. 沈阳:东北师范大学,2008.

[68] [美]高尔. 教育研究方法导论[M]. 许庆豫,译. 南京:江苏教育出版社,2002.

[69] [美]盖伊 · 莱弗朗索瓦兹(Guy R. Lefrancois). 教学的艺术[M]. 佐斌,译. 北京:华夏出版社,2004.

[70] 顾定兰. 社会需求与大学英语教学的转轨[J]. 外语与外语教学,1998(5).

[71] 黄建滨,邵永真. 大学英语教学和教师情况调查分析[J]. 中国大学教学,2001(6).

[72] 洪明. 教师教育的理论与实践[M]. 福州:福建教育出版社,2007.

[73] [英]Hutchinson T, Alan Waters. 特殊用途英语[M]. 上海:上海外语教育出版社,2004.

[74] 贾爱武. 外语教师教育与专业发展研究综述[J]. 外语界,2005(1).

[75] 贾爱武. 外语教师专业发展的理论与实证研究[D]. 上海:华东师范大学,2003

[76] [美]加里 · D. 鲍里奇. 有效教学方法[M]. 第 4 版. 易东平,译. 南京:江苏教育出版社,2002.

[77] [美]杰夫 · 米尔斯(Geoffrey E. Mills). 教师行动研究指南[M]. 3 版. 王本陆,潘新民,等,译. 重庆:重庆大学出版社,2010.

[78] [美]Jack R. Fraenkel. 教育研究的设计与评估[M]. 蔡永红,

译. 北京:华夏出版社,2004.

[79] [美]玛丽·艾丽斯·冈特. 教学式[M]. 尹秋艳,等,译. 南京:江苏教育出版社,2006.

[80] 李红. 专门用途英语的发展和专业英语合作教学[J]. 外语教学,2001(1).

[81] 刘润清. 21 世纪的英语教学——记英国的一项调查[J]. 外语教学与研究,1996(2).

[82] 刘润清. 外语教学研究的发展趋势[J]. 外语教学与研究,1999(1).

[83] 刘良华. 校本行动研究[M]. 成都:四川教育出版社,2002.

[84] 刘学惠. 建立以反思为核心的英语教师专业发展机制[J]. 课程. 教材. 教法,2004(12).

[85] 刘学惠. 外语教师教育研究综述[J]. 外语教学与研究,2005(5).

[86] 陆伟成. 专门用途英语(ESP)课程设计原则、程序及教学指导[J]. 高等工程教育研究,2009(2).

[87] 李进. 教师教育概论[M]. 北京:北京大学出版社,2009.

[88] 雷蕾. 英语专业 ESP 课程的定位与思考[J]. 华南理工大学学报(社会科学版),2005(8).

[89] 罗娜. 制约我国 ESP 教学的主要因素及其对策[J]. 山东外语教学,2006(1).

[90] 庞继贤. ESP 与大学英语四、六级后的英语教学[J]. 外语界,1994(4).

[91] 秦秀白. ESP 的性质、范畴和教学原则[J]. 华南理工大学学报(社会科学版),2003(12).

[92] 施敏. ESP 教师的角色及自我完善[J]. 西安外国语学院学报,2000(9).

[93] 束定芳. 外语教学改革:问题与对策[M]. 上海:上海外语教育

出版社,2004.

[94] [美]唐纳德·R. 克里克山克,德博拉·贝纳·詹金斯、金·K. 梅特卡夫. 教师指南[M]. 第 4 版. 祝平,译. 南京:凤凰出版传媒集团,2007.

[95] 王蓓蕾. 同济大学 ESP 教学情况调查[J]. 外语界,2004(1).

[96] 王少非. 在经验与反思中成长——案例开发与教师专业发展[M]. 济南:山东人民出版社,2008.

[97] 吴一安. 优秀外语教师专业素质研究[J]. 外语教学与研究,2005(3).

[98] 吴一安等. 中国高校英语教师教育与发展研究[M]. 北京:外语教学研究出版社,2007.

[90] 吴欣. 中学英语教师发展研究:现状与措施[M]. 北京:外语教学研究出版社,2005.

[100] 吴宗杰. 教师知识与课程话语[M]. 北京:外语教学研究出版社,2005.

[101] 闻忠. 走出行动研究的误区[J]. 教育科学研究,1996(3).

[102] 王艳. 探析 ESP 教师角色与教师专业发展[J]. 中国 ESP 研究,2010(1).

[103] 王蔷. 英语教师行动研究[M]. 北京:外语教学与研究出版社,2002.

[104] 卫乃兴, 周俊英. 也谈 ESP 与大学英语教学[J]. 外语界,1994(2).

[105] 王守仁. 高校大学外语教育发展报告[M]. 上海:上海外语教育出版社,2009.

[106] 夏纪梅. 解读《大学英语课程教学要求(试行)》[J]. 外语界,2005(2).

[107] 夏纪梅. 大学英语教师的外语教育观念、知识、能力、科研现状与进修情况调查报告[J]. 外语界,2002(5).

[108] 于兰,孙启林. 解析外语教师发展[J]. 教育科学,2007(4).
[109] 叶澜. 教师角色与教师发展新探[M]. 北京:教育科学出版社,2001.
[110] 叶澜. 教育概论[M]. 北京:人民教育出版社,1991.
[111] 张正东,李少伶. 英语教师的发展[J]. 课程·教材·教法,2003(11).
[112] 张建文. ESP 教学及 ESP 教师培训[J]. 成都大学学报,2002(4).
[113] 周燕. 高校英语教师发展需求调查与研究[J]. 外语教学与研究,2005(3).
[114] 钟启泉. 教师"专业化":理念、制度、课题[J]. 教育研究,2001(12).
[115] 钟启泉,崔允漷. 新课程的理念与创新[M]. 北京:高等教育出版社,2003.
[116] 钟启泉,张华. 课程与教学论[M]. 上海:上海教育出版社,2000.
[117] 郑金洲,等. 行动研究指导[M]. 北京:教育科学出版社,2004.
[118] 中华人民共和国教育部. 教育部关于"十五"期间教师教育改革与发展的意见,2002. http://www.moe.edu.cn/jsduiwu/js-peiyang/oo.htm.

链接

http://www.actionresearch.net.

Jean McNiff at: http://www.jeanmcniff.com

International Teacher Research Organization at:

Self-Study of Teacher Education Practices-A special interest group of the American Educational Research Association at:

http://www.educ.ubc.ca/faculty/lstanley/te/

附　　录

EAP 教师专业发展调查问卷

尊敬的各位老师：

您好！

促进教师的专业发展，全面提高学校教学的质量，是你我共同的愿望。因此，针对教师专业发展情况进行研究以期真实地反映广大一线教师的需要和要求，特制定此问卷。您的回答无对错之分，无优劣之别，所得资料我们将严格保密，它是我们研究分析的重要依据，将作为重要资料保存。对您的支持，我们表示诚挚的感谢！

填写说明：请您在所选答案的“□”上打“✓”

1. 年龄：□20—29　□30—39　□40—49　□50—59
2. 教龄：□ <3 年　□3—5 年　□5—10 年　□11—15 年　□16—20 年　□20 年以上
3. 职称：□高级　□中级　□初级　□未定级
4. 最高学历：□本科　□硕士　□博士及以上

以下可多选

5. 您自己是否思考过自己作为 EAP 教师的专业发展
   □经常思考，有自己的发展规划
   □考虑过，但不知怎样着手
   □听从管理部门的安排
   □从未思考
6. 当前，您在 EAP 课程教学活动中所面临的主要挑战有(可多选)
   □专业知识陈旧老化
   □缺乏教育学、心理学知识的支持

□缺乏对新的教育教学方法的了解和运用

□缺乏对课堂教学各环节的调控能力

□缺乏新教育信息的交流渠道

□缺乏教学科研意识和方法

□缺乏对新课程的适应能力

7. 您认为 EAP 教师最需要培训的方面是

□应用现代教育技术教学的能力

□EAP 课程开发能力

□教学科研能力

□课堂教学的实施能力

□课堂教学的设计能力

□教学反思能力

□学科理论知识

8. 在教师专业发展中,特别在校本培训中,希望学校领导能够为您做些什么?

□为中青年教师多提供向老教师学习的机会。

□我认为,学校领导已为我们教师的专业发展搭建了许多平台,如校外培训、校内培训的开展、教研组活动的参与等,都让我获益匪浅。

□希望领导能为校本培训提供更好的场所,先进的设备,培训经费等保障。

□希望能保证充足的教研活动时间。

□希望学校能进一步支持教学骨干外出学习。

9. 以下影响教师专业发展的主要因素,请依据你认为的重要程度选取三项:

□自身能力	□家庭环境	□职业理想
□专业挑战	□教学兴趣	□教师专业互动
□团队气氛	□进修途径	□学校制度

□工作压力

10. 您希望学校为您的专业发展提供哪些机会或条件?

□学历提高　□创造学习化环境
□赴名校参观访问　□业务进修
□教学观摩

11. 请您根据自己的实际需要,选择当前你最需要获得的三个类别的知识

□教学方法和技术知识　□学科专业知识
□课程开发及设计知识　□学科教学知识
□科研方法知识

12. 请您根据自己的实际需要,选择当前最需要提高的三种能力

□教学能力　□教育管理能力
□教育科研能力　□实践操作的能力
□撰写教育教学论文的能力　□自我反思、自我学习的能力
□交流沟通能力

13. 您认为什么最能体现教师专业发展的进步与成功(可多选)

□职务职称的提升　□取得更高的学历
□学生获得良好发展　□个人修养的完善
□业务水平的提高　□经济收入提高
□受到社会的更多尊重

14. 您认为促进教师专业发展的主要动力是(请按重要性大小,选出您认为最重要的三项)

□更新知识,提高素质　□使学生获得更好的发展
□追求职务职称的提升　□追求更高的收入
□适应教育改革的新要求　□更好实现人生价值

15. 您比较喜行动研究的方式

□理论讲授　□案例分析　□说课评课
□研讨交流　□实践指导

16. 您参加行动研究的原因：

□接受新教育理念 □获得新的知识与技能

□与同行有交流的机会 □服从学校安排

□评奖与职称所需 □其他

17. 在行动研究中，您最需要的是：

□教育理论的学习 □教师之间的合作

□足够的时间和资源 □教育科研指导

□专家的指导

18. 您认为对行动研究中的取得的效果：

□很满意 □基本满意 □不太满意 □走过场

19. 您认为参加行动研究后您的专业水平：

□很大变化 □有比较大变化

□变化较小 □几乎没有变化

20. 在参加行动研究后，您的专业素质变化主要有（可多选）：

□教育观念 □专业知识 □教育教学技能

□教育科研能力 □专业态度 □自我发展意识

21. 您认为行动研究对 EAP 教学的促进作用是否明显？

□很明显 □比较明显

□不太明显 □完全不明显

22. 您认为，教师进行教学与做研究两者之间的关系：

□无法统一 □不好统一，可能有矛盾

□好统一，不过偶尔有矛盾 □完全能统一，没有矛盾

23. 在行动研究中，碰到的主要困难有

□教学任务重 □缺乏科研素质和能力

□缺乏资金和可供参考的资料 □教学科研意义不大

□缺乏理论指导 □学校不够重视

24. 您觉得行动研究是否有实效，着重要看下列哪些方面（请按照重要性程度，选择其中三项）：

□是否使自己从中学到了新知识、新理论

□是否使自己深化了对某些似是而非的知识的理解

□是否使自己受到启发而产生了新的操作思路

□所学到的内容是否直接可用

□否真正促进了自己实际工作的提高

大学英语教师反思性教学实践与专业发展情况的问卷调查

尊敬的各位老师：

您好！

随着终身教育思想的发展，教师的继续教育及专业发展已经成为许多国家教师教育的主导潮流，成为当代教师职业从事者的必然选择，而对自己的教学进行反思是教师自我发展的核心。为了解大学英语教师在教学中开展反思性教学的情况及对反思性教学和专业发展的关系的认知情况，以期进一步改进大学英语教学，促进大学英语教师自身的专业发展，特制定此问卷。希望并感谢您鼎力支持！

祝您身体健康，工作顺利！

您的个人信息：

性别：A 男　　　　B 女

职称：A 教授　　　　B 副教授　　　　C 讲师　　　　D 助教

教龄：________年

您所在院校：____________________

序号	提问内容	A 完全同意	B 基本同意	C 无把握	D 基本不同意	E 完全不同意
1	我针对自己的教学内容进行反思	A	B	C	D	E
2	我针对自己的学生的表现进行反思	A	B	C	D	E
3	我针对自己作为一名语言教师进行反思	A	B	C	D	E
4	课后我以教学日记的形式来反思自己的教学	A	B	C	D	E
5	课后我以课堂教学报告的形式来反思自己的教学	A	B	C	D	E
6	我通过调查与问卷的方式来了解学生对学习及对我的教学的看法和要求	A	B	C	D	E

续表 1

序号	提问内容	A 完全同意	B 基本同意	C 无把握	D 基本不同意	E 完全不同意
7	我通过课堂教学现场录音录像的方式来反思自己的教学	A	B	C	D	E
8	我通过去听其他同事的课来反思自己的教学	A	B	C	D	E
9	我对自己在教学中遇到的问题进行行动研究	A	B	C	D	E
10	教师专业发展可以让教师在专业知识方面得到发展	A	B	C	D	E
11	教师专业发展可以让教师在专业技能方面得到发展	A	B	C	D	E
12	教师专业发展可以让教师在专业心态方面得到发展	A	B	C	D	E
13	参加进修是教师专业发展的有效实现途径	A	B	C	D	E
14	参加短期培训是教师专业发展的有效实现途径	A	B	C	D	E
15	自我反思发展是教师专业发展的有效实现途径	A	B	C	D	E
16	同事间互助学习是教师专业发展的有效实现途径	A	B	C	D	E
17	反思性教学可以提升教师认识自我与专业情感	A	B	C	D	E
18	反思性教学可以提高教师教学实践水平	A	B	C	D	E
19	反思性教学可以促进教师间知识分享与学习	A	B	C	D	E
20	反思性教学可以催生教研成果	A	B	C	D	E
21	反思性教学强化了我的教师职业意识	A	B	C	D	E
22	反思性教学促进了我的知识更新	A	B	C	D	E
23	反思性教学促进了我和同事共同发展	A	B	C	D	E
24	通过反思性教学,我把教学体会撰写成了科研论文	A	B	C	D	E

调查结果

为了了解我国大学英语教师开展反思性教学来促进专业发展的现状,作者对 68 名大学英语教师按 4 种不同职称分类进行了问卷调查。问卷设计的 24 个问题当中,1 ~ 3 题关于大学英语教师反思的内容,4 ~ 9 题关于教师反思所运用的方法,10 ~ 12 题关于教师的专业发展,13 ~16 题关于教师专业发展的途径,17 ~20 题关于教师对反思性教学同专业发展的关系的理解,21 ~24 题问及反思性教学是否能够促进专业发展。

调查结果显示,反思性教学在大学英语教师中开展比较普遍,约 92% 的大学英语教师针对他们的教学、学生的表现或他们作为语言教师等方面进行反思,最受欢迎的反思方法是听课,并且约 81% 的大学英语教师同意反思性教学确实促进了他们的专业发展,有力证明了反思性教学是大学英语教师专业发展的有效途径。

访谈实录一

行动研究与课程改革

——加拿大阿尔伯塔大学泰瑞斯·卡森教授访谈录

【作者简介】 高振宇 （华东师范大学课程与教学研究所 博士研究生，上海，200062）

泰瑞斯·卡森(Terrance Carson)教授自1982年以来一直受聘于加拿大阿尔伯塔大学中等教育系。他的研究兴趣包括行动研究、和平教育、教师教育、课程理论、跨文化研究、公民教育、精神分析等。他是加拿大及世界行动研究领域的重要人物，曾撰写并主持编辑许多关于行动研究的论文、专著和论文集，也是《教育行动研究》期刊的主编人员之一。本访谈是笔者2010年在国家留学基金委资助下访问阿尔伯塔大学期间，根据与卡森教授的几次谈话录音，他所开设的行动研究课之教学资料，及他的相关著作、论文整理而成。

一、卡森教授的行动研究历程

笔者：您最早是什么时候，基于什么原因，开始关注行动研究的？又是什么动力驱使您将它视作自己终身的研究旨趣的？

卡森：在1983年，当我完成博士论文之后，我便开始对行动研究产生了兴趣。我的博士论文是关于课程变革与实施的解释学研究，旨在理解课程实施对教师的意义。泰德·奥奇(Ted Aoki)是我当时的导师，范梅南(Max Van Manen)也在我的答辩委员会之中，还有一位课程理论学者哈瑞·加芬克尔(Harry Garfinkel)和教育心理学专家布鲁斯·贝恩(Bruce Bain)。可以说，正是对课程实施的探索才将我引向了行动研究。在80年代初，我去美国参加了一次社会科学的学术会议，在那次会议上，有一位来自悉尼大学的学者，他在“新研究方法”的分会场中提到了行动研究，当时与会的美国同行根本就不认为那是一种研究，双方为此展开了激烈的争论。由此可知，当时两国在针对“什么是研究”这个问题上还存在着深刻的文化差异。我对此却不排斥，反而认为行动研究对于教师研究自身的教学实践具有重要意义。就课程实施而言，它是关于教师教什么与教师期待什么的联结，正是实施本身亟待教师的反思和行动，而这正是行动研究的基本理念。[1]所以，我认为行动研究明确了课程实施的内在要求。同时，我的博士论文对课程实施这个概念予以了批判，我以为课程实施实在是行政人员和课程专家的一种幻想，因为教师根本就不在实施课程，教师所做的是将新课程视为一种大纲或建议，并对这个大纲做出解释。实施（implement）这个词，来源于拉丁文 implere，意思是填满（to fill up）空间，但是教师在课堂内的教学绝不是填满课程空间的过程，而是依据具体情境以及他们自己的信念解释那个空间的过程。所以本质上来说，教学是一种解释性活动。

笔者：在您数十年对行动研究的研究历程中，对行动研究本身是否有过怀疑？

卡森：对我来说，行动研究确已改变了许多。当我开始在阿尔伯塔大学开设行动研究课程之时，我所使用的大都是澳洲的材料，绝大部分是斯蒂芬·凯米斯（Stephen Kemmis）和罗宾·麦克塔加特（Robin McTaggart）两位学者的论文及著作，这两位是批判行动研究的创始人，因此我当时的观点也是批判取向的。直至 20 世纪 80 年代末，我才抛弃批判取向的行动研究，但我并不认为它不再重要。我发现教师和参与者倾向于将批判理想化，他们可能对批判性行动研究也持批判的态度。另一方面，一些教师抱怨批判性行动研究使他们有负罪和愚昧之感，因为批判性行动研究发展了他们原本应当具有但事实上没有的批判意识①，使他们发现了学校系统所隐蔽的种种压迫和不公平现象，而这些现象对教师和学生都产生过并且仍在产生不良的影响。虽然后结构主义和后现代主义都主张发展教师的批判意识，我却对此采取质疑的态度，我认为这不一定有利于教师的专业发展，特别是在他们可能会产生消极情绪的情况下。另一个重大变化发生在我开始教授“课程基础”（Curriculum Foundation）之后。因为课程研究的再概念化给课程理论带来了许多新的话语(discourse),这些话语极为有用,提供了许多思考教育及研究的新思路。我和丹尼斯·萨莫拉(Dennis J. Sumara)深受启发,为此编辑并出版了《行动研究即存在性实践》(*Action research as a living practice*)一书,邀请了一大批使用新话语的学者。当然,部分学者或许不会认为他们在做行动研究,但他们运用了各种不同的话语,如解释学、现象学、复杂性理论等,对教育现象进行了颇为有趣的反思。他们并不聚焦于话语的理论阐述,而是将它们应用到教育行动之中,这是我们把他们吸纳进来的主要原因。例如萨莫拉和布伦特·戴维斯(Brent Davis)二人运用了复杂性理论,汉斯·斯密茨(Hans Smits)吸收了哲学解释学,大卫·史密斯(David Smith)应用了佛教的理智传统,大卫·贾丁(David Jardine)使用了批判取向的解释学。[2]

笔者:我们知道,学术界一直存在批判行动研究的声音,我们在您的课堂上也已接触了不少这样的论文,您能简要总结下学术界究竟在哪些方面对行动研究存在质疑?您对这些批判有怎样的回应呢?

卡森:自行动研究创生时刻起,对它的批判就连绵不断。我认为第一组批判来自于社会科学界,他们试图模仿自然科学,但我们知道,他们对自然科学的定义非常狭隘。在我们行动研究课所用教材《行动研究导论:为了社会变革的社会研究》中,我们得知传统社会科学家的那种界定是错误的,科学事实上是一种人文活动或社会实践,它需要参与者之间的紧密合作,需要经历持续的反思与行动,具有不可预测性,在这点意义上,行动研究比传统的社会科学更接近自然科学的本真含义。因为行动研究正源自于人们对实践、体制和社群等的质疑,它以“计划—行动—观察—反思”为螺旋形循环的基本单元,强调动员内部和外部参与者一起合作探究。另一组批判则有点反智主义(anti-intellectualism)的色彩。它认为任何人都能做行动研究,行动研究只不过就是问题解决而已。我以为先前威廉·派纳也持有同样的批评意见,因为他认为课程研究应该学科化②,人们必须明白当他/她成为一名教育工作者的同时,他/她就已经进入了一个学科领域。我对此深表赞同。我们确实需要使我们的教学理智化,这是教师建立专业自主权的重要途径。但我认为派纳没有意识到行动研究的多样性及理论复杂性。当我将《行动研究即存在性实践》这本书寄给他之后,他告诉我此书中所提及的众多话语令他印象非常深刻,为此他改变了先前对行动研究的批判态度。

笔者:在您的研究生涯中,对行动研究的研究取向或侧重点是否发生过变化?您将来还会在哪些方面作进一步探索?

卡森:刚开始时,我完全照搬了澳洲的批判性行动研究,并将之应用于当时的行动研究项目和课程中。之后我从课程研究领域获取了许多灵感,那时我的行动研究则聚焦于各种不同的话语。近些年来,我特别关注精神分析的学习理论,它与课程变革关系密切。精神分析对阻抗(resistance)持积极的态度,提出阻抗不是消极的存在,而是学习者自我发展所必需的。在精神分析理论中,任何事物若对个体(核心是自我)构成挑战时,自我便会启用防御机制予以反击,阻抗便是一种自我防御(ego-defense)。如果你试图克服这种阻抗,规劝人们放弃防御,不允许他们借助它以获取新的知识,你实际上便是在操控他们,是对他们自我的不尊重。精神分析理论主张我们从知识中学习,特别是新的知识,而阻抗并非是需要克服之物,它表达了一个事实,一个我们必须正视的事实。所以精神分析的学习理论更尊重教师真实的学习过程。我对此深有兴趣,并在最新出版的《教育行动研究手册》中撰写了一篇基于精神分析的行动研究的文章,该文是基于我们阿尔伯塔大学教育学院同仁培训职前教师发展多元文化教学的经验而写成的。[3]所以千万别害怕阻抗,如果你理解了阻抗对于学习的重要性,你就能意识到班级中许多先前所未发现的美好事物。我注意到阻抗在中国教育界也普遍存在。我曾参与了一个考察中国西部省份课程改革现状的项目③,在那些地区,当改革者们试图引进新的课程时,教师们的普遍反应是“是的,我在理论上完全同意你的观点,但你得告诉我具体该怎么做”。[4]我认为这种祈求帮助的举动，显示出那里的教师并不情愿配合，且过分习惯于服从权威。所以当我们考虑到中国的文化传统时，阻抗便成为极其必然的现象。我的一个博士生（2009 年毕业）名叫郭玲元（音译），她的博士论文给我们介绍了一个很好的例子。一位中国校长，为了整合新课程与儒家、道家哲学，对新课程予以了新的解释。那个学校的许多教师都以为新课程与中国的传统文化格格不入，但这位校长却并不这么认为，他做了很好的联结。他也为教师的阻抗而困扰，但他没有强迫教师去克服它，而是引导教师从阻抗中学习新的知识，去主动寻找新课程与中国传统文化的贯通之处。

二、行动研究对课程改革的启示

笔者：当今世界各国都在持续推动课程改革，但因遭遇不少阻力而举步维艰，譬如在中国，第八次课程改革虽自 1999 年便已启动，但在不同省份不同学校推广的程度却截然不同。您认为什么原因造成这种尴尬局面的呢？行动研究对此能做出怎样的贡献呢？

卡森：你提到这是一个尴尬的局面，但我觉得这很正常。任何种类的新课程事实上都只是一个建议，教师并不是在执行课程，而是在解释课程。这一点非常重要。行动研究围绕实践中的问题而展开，因此我们可以很自然地运用行动研究去协助教师解释新课程。行动研究促使教师们不断反思，并传达给教师这样一个声音：一旦你们确实行动了，改变便会发生。所以行动研究与课程实施有很密切的关系。同时，我一直认为阻抗对于课程变革是必需的。在课程实施的研究史上，大概在 20 世纪 60 年代和 70 年代，北美地区（特别是美国）掀起了一场科学课程的改革风潮，这次改革涉及了对教师阻抗的研究，他们的研究报告指出，教师虽总是声称自己在实施新课程，但实际上他们只是在新课程的名义下重操旧业，或者借用新课程的话语使他们过去的教学“合理化”（rationalization），而没有发生任何形式的转变。在这种情况下，阻抗其实一点都未发生，以至于学校课程毫无变化。一方面，阻抗意味着发生了什么事，人们确实在某种形式上参与到了新课程之中；另一方面，阻抗服务于真实的学习，根据精神分析的学习理论，学习阐释了自我，当自我感到无法驾驭周遭事物时，它会自然地产生阻抗。教师希望他们自己被解释，以维持他们的力量感或控制感。所以精神分析学者在谈到学习时，总是强调从知识中学习（learning from knowledge），而非学习知识（learning knowledge）。这种学习是一种深知（deep knowing），不仅仅是信息收集。信息和知识是不同的，我们随时在收集各类信息，但它们对自我是无影响的，信息若要成为知识，它必须被主体所解释，并融入到已有的认知结构之中。

笔者：一谈到课程改革，我们的思绪很容易指向它对学生全人发展的意义，却往往忽略它对教师生涯发展的影响。但是在行动研究中，从开始时斯滕豪斯（Lawrence Stenhouse）等学者便主张教师即研究者，学界也普遍突出行动研究对教师专业成长的积极作用。那么，您认为行动研究究竟在哪些方面可以推动教师专业发展呢？教师做行动研究与专家做行动研究会有怎样的区别？

卡森：我认为行动研究本质上是一种反思性实践，它能有效促进教师乃至整个学校的正面发展，这主要是基于行动研究具有以下六个方面的基本品质：实践性（聚焦于教育领域实际问题的解决）；参与性（充分调动教师、校长、学生、外部专家、有关机构、社区等各方面的力量，共同参与到同一项目之中）；试探性（研究过程充满不确定因素，可能的解决方案往往是不断试验的结果）；解释性（意义是参与者各方集体建构的，研究处于解释与再解释的持续过程之中）；批判性（参与者作为自我批判的变革主体，对各式具体问题保持批判的态度）；赋权性（所有参与者都为研究过程做出贡献，并最终获益）。当然，正如你所注意到的，教师和专家虽然都参与到行动研究的过程之中，但他们对行动研究的认识和期待是不同的，所以我们必须时刻敏于两者之间的联系与区别。我认为约翰·艾略特（John Elliott）关于行动研究的“双重序列”理论[4]，可以很好地回答你提出的问题。他认为，在行动研究中，教师所从事的探究活动属于第一序列，聚焦于发现课堂教学中的实际问题，并发展出可能的教学策略；而研究团队或专家所扮演的角色是支持和推动教师成为反思性实践者的促进人士，他们所做的工作属于第二序列。基本上，正是教师群体本身促成了学校内部的变革，但他们对行动研究并不熟悉，对课程理论亦所知甚少，由此构成了专家介入的直接原因。这些专家可以帮助教师识别并界定问题，协助他们发展各种资料收集的技巧，提供及时的反馈，并促进他们的持续反省等。但专家的任务毕竟属于第二序列，行动研究的核心主体仍在教师身上，只有充分发挥教师的主体性力量，才能保障行动研究的成功。

笔者：课程改革是一个系统工程，只有理顺内部各参与者之间的复杂关系，才能真正有效发挥课程改革的功效。而主张团队成员之间消除隔膜、精诚合作的行动研究，对各参与者之间的伦理关系向来至为关切，相关问题如"课程改革内部的权力关系如何，谁是控制者，谁是执行者？""课程改革所带来的变革究竟对谁有利？"等往往是行动研究者所探询的中心议题。那么，您以为，一线学校在凭借行动研究推动课程改革的过程中，究竟应遵守哪些伦理法则？

卡森：是的，伦理问题对行动研究非常重要，因为行动研究一直鼓励团队成员的紧密合作，但实际上参与者之间的关系错综复杂，稍微处理不慎，行动研究的效果就会受到很大影响。常见的伦理问题有"课堂或学校变革的目的何在？""变革究竟有利于谁？""谁来发动或主导这场变革？""参与者如何投入到计划、行动、观察、反思的循环之中？""实施变革的过程中，如何确保参与者的权益不被侵犯？"等等。行动研究的这些伦理问题，绝非是事先约定或外部规范的，而是我们在研究过程中实实在在会遇到的。在这个意义上，行动研究正是一场由伦理关怀所启动的改革历程，用约翰·艾略奥特的话来说，"行动研究即道德科学[⑤]"。行动研究的伦理还可被界定为五个不同的维度：① 伦理即希望，参与者有志于通过行动研究造就一个更利于孩子成长的环境。② 伦理即关怀，行动研究的参与者之间须学会彼此关怀，乐于做积极的倾听者，才能形成一个稳定的合作体。③ 伦理即开放，在行动研究中，参与者的利益诉求多元化，对情境的认识也各有不同，唯有尊重彼此差异，各持开放的心态，才能促成变革的发生；行动研究的过程亦是一个复杂系统（complex system），充满不可预测性，参与者须随时保持开放的态度，才能维持对话（conversation）的永续运营。④ 伦理即责任，凡是行动皆有后果，每一个参与行动研究的人员都须对其他人采取负责任的态度，谨慎迈出自己的行动步伐。⑤ 伦理即协商，行动研究过程中每一个步骤的设计及执行，都需要参与者之间的多次协商乃至妥协，因此每一个人皆应有愿与他人合作的意识。在大学或研究所里，我们经常讲“研究伦理”，诸如“保持研究对象的匿名性”，“参与者可随时撤回与己有关的数据”，“研究以不损害参与者为前提”等等，加拿大对这类伦理的要求极其严格，在我们大学，任何博士论文都须经过伦理委员会的审查，才能判定是否合格。但这种伦理在行动研究中却并不奏效，或者说与行动研究关系并不密切，因为在行动研究者眼中，“真正的伦理”是关系伦理，其所关心的问题是怎样处理专家和教师之间的权力关系，如何保障教师和专家各自的权益，参与者各人所担当的责任是什么，大学和中小学之间的关系是什么等等。所以我们需要警惕大学里所说的伦理与行动研究中的伦理之间的区别。

三、行动研究在加拿大和全球

笔者：加拿大教育学界是什么时候开始关注行动研究的呢？他们对行动研究的研究主要集中在哪些方面？经历了一个怎样的转变？

卡森：加拿大最先注意到行动研究的时间是在 20 世纪 50 年代，我所知道的是，在 1959 年的时候，阿尔伯塔教师协会就已经为教师制作了一本行动研究的手册。当时大家对行动研究的主要兴趣基本源自美国纽约教师学院斯蒂芬・克瑞（Stephen Corey）的研究，斯蒂芬是彼时美国行动研究的主要推动者，受行动研究的创始人库尔特・勒温（Kurt Lewin）[6]的影响颇深。因此第一代加拿大行动研究者的取向也是库尔特式的，主要基于库尔特的社会心理学理论。但在随后的20年间（整个60年代和70年代），加拿大教育界对行动研究的兴趣骤然下降。这主要是因为教师并不善于运用行动研究这个武器，他们总是忙于应付各类事务，无暇进行有效的反思和持续的行动，从而无法发挥出行动研究的真正价值，而当时的教育专家却认为这是行动研究本身的失败。另一方面，在北美，60和70年代是学界极其崇拜社会科学的时代，社会科学家对行动研究的批判非常尖锐，认为行动研究根本就不能算作一种科学，然而事实上，正如在访谈的前面部分提到过的，行动研究比这些传统的社会科学更贴近科学的真正内涵。到了80年代，第二代加拿大行动研究者，开始重视哈贝马斯的思想和批判理论，并受澳大利亚学者斯蒂芬·凯米斯和罗宾·麦克塔加特两人的深刻影响，以批判行动研究为主要取向，我本人也有幸参与其中。至90年代以来，受课程理论的启发，行动研究者也开始积极借助各家各派的理论，从而发展出各种不同取向的行动研究，包括我、大卫·史密斯（佛教取向）、杰森·沃林（Jason Wallin）（后结构主义取向）、布伦特·戴维斯（复杂性理论取向）、克兰蒂尼（Jean Clandinin）（叙事取向）等在内的加拿大学者，都是其中极自然的一分子。现在这股趋势仍在延续，近日我去温尼伯（Winnipeg）参加一次学术会议，其中就有人针对道教理论和行动研究之间的关系作了深入探讨。你在我的课上所汇报的关于儒家理论对行动研究的启示，也可作为行动研究今后发展的重要方向。

笔者：行动研究在加拿大，特别是阿尔伯塔省的学校教育系统中，处于怎样的地位？是否造成了广泛的影响力？加拿大中小学教师对行动研究的态度如何呢？

卡森：阿尔伯塔省有一个项目叫 AISI（阿尔伯塔学校改进计划），省内各校皆可以向省政府申请加入，在这个项目中，大多数研究都具有行动研究的性质。同时，阿尔伯塔教师协会（ATA）也一直致力于推广行动研究，还出版了相当多的行动研究手册，以帮助各学校校长及教师更好地运作行动研究。[5] ATA 的负责人库奇尔(J-C Couture)曾是我的学生,她非常热衷于行动研究的试验,其硕士和博士论文都以行动研究为理论架构和研究方法。所以,行动研究在加拿大,至少在阿尔伯塔省,得到了广泛的普及。当然,在我看来,不是所有的行动研究都取得了显著成效,在一些案例中,由于没有得到足够的外援,教师只是粗糙地照搬了大学教科书上所描述的行动研究模式。

笔者:那么行动研究在其他国家(如英国)的情况又是怎样的呢?

卡森:在英国,60 和 70 年代,教育界提倡"教师即研究者",因此那时行动研究非常受欢迎。当时英国各地普遍对国家控制比较反感,他们更笃信地方控制的古老传统,这是"教师即研究者"运动能发动的文化因素。许多人对这场运动做出了重要贡献,如劳伦斯・斯滕豪斯,约翰・艾略奥特,柏瑞・麦克唐纳德(Barry MacDonald)等,大都来自东英吉利亚(EastAnglia)大学和剑桥大学。特别是东英吉利亚大学由斯滕豪斯所创立的"教育学应用研究中心"(the Centre of Applied Research in Education,简称 CARE),对行动研究在英国、欧洲大陆乃至全球的推广发挥了积极作用,堪称世界行动研究的中心。他们所用的词是"应用研究",这是当时学界的流行语,但事实上,其中大多数项目属于行动研究,我个人认为应以行动研究来代替或许更为妥当。但是 CARE 对加拿大的影响比较小,尽管我们知道有斯滕豪斯其人。我们的影响主要来自美国。有趣的是,在 80 年代,当澳洲行动研究者的文献及取向被引入到加拿大的同时,我们才开始注意到英国对行动研究的早期影响,并做了深入挖掘,力图恢复那种传统。我在英国待过一段时间,认识英国的许多行动研究者,如约翰・艾略奥特,我在东英吉利亚和苏格兰参与了当地的行动研究项目,我也加入到欧洲行动研究的项目组中,这个项目组的成员来自西班牙、奥地利、英格兰、苏格兰等不同国家或地区的学者,大部分都是《教育行动研究》杂志的编辑。1999 年的时候,我们邀请约翰・艾略奥特来阿尔伯塔大学做了一次主题演讲,增进了加拿大学者对他的了解。我认为行动研究在不同国家学者之间的对话正日渐加深,正如你在《教育行动研究》杂志上所看到的,大量新的话语被引入到行动研究之中,其中许多话语都是基于不同国家的特殊文化,如佛教、实用主义、后殖民主义等。我认识 Arphorn Chuaprapaisilp,他在泰国宋卡王子大学任教,是佛教行动研究的代表人物之一,不过他的研究更多的是关于护理学的,而不常与教育有关⑦。所以行动研究可以说是一个开放的系统,随时准备吸收来自各领域的先进元素,就像课程研究。两者都极关注理论和实践之间的张力,课程学往往更倚重理论,研究者也更乐于接纳理论,但行动研究对实践的重视远高于理论,譬如在《教育行动研究》杂志中,有一个栏目叫“理论资源”,这个专栏曾在编辑之间引起很大争议,因为有相当多的人对理论有一股强烈的抗拒情绪。不过现在人们已经日渐意识到理论建设对行动研究本身的重要性,“理论资源”栏目的文章也越来越多,所以毫无疑问,行动研究绝不是一种简单的方法论或实践论,而是贯穿整个学术领域的一类举足轻重的思潮。

参考文献:

[1] Davydd Greenwood, Morten Levin. Introduction to Action Research: Social Research for Social Change[M]. 2nd Edition. London: Sage Publications, 2007.

[2] Terrance Carson, Dennis J Sumara. Action Research as a Living Practice[J]. Peter Lang, 1997.

[3] Susan E Noffke, Bridget Somekh. The SAGEH and book of Educational Action Research[C]. London: Sage Publications, 2009.

[4] Terrance Carson. Implementing the New Curriculum in China: Re-Thinking Curriculum Change from the Place of the Teacher[R]. Canadian International Development Agency: Strengthening the Capacity for Basic Education in Western China Project, 2006.

[5] Alberta Teachers' Association. Action Research Guide for Alberta Teachers[J]. Alberta Teachers' Association, 2000(8).

① 卡森教授在这里引用了精神分析学习理论的术语,说这种批判性意识对教师来说是一种"迟来的知识"(belated knowledge)。

② 关于威廉·派纳的这个观点,请参考屠莉娅.课程研究的学科化和国际化:一个领域的智力突破及其可能的未来——威廉·派纳教授访谈录[J].全球教育展望, 2008, 37(12).

③ 这个项目的全称是"提高西部地区基础教育水平"(Strengthening Capacity for Basic Education in Western China),由中国教育科技委员会(NCET)和加拿大国际发展署(CIDA)联合资助,涉及宁夏、新疆和四川三个省份,时间为2002—2007年。在加拿大一方,卡尔加里大学教育学院、阿尔伯塔大学教育学院、阿萨帕斯卡尔大学等机构都参与其中,而卡森教授则是阿尔伯塔大学研究组的负责人。该项目主要是协助以上三个省份的教师实施新课程,加拿大方面负责设计远程教育课程,为在职教师提供各类培训。

④ 约翰·艾略奥特在多篇论文中提及"双重序列理论",这个理论也为行动研究的其他学者广泛引用,具体可参考 John Elliott. Action Research for Educational Change. Open University Press, 1991: 26 - 27。此外, Bruno Losito, Graziella Pozzo, Bridget Somekh 发展了 John Elliott 的双重序列理论,可参考他们1998年的论文:Exploring the Labyrinth of First and Second Order Inquiry in Action Research [J]. Educational Action Research, 1998,6(2): 219 - 240.

⑤ 欲了解约翰·艾略奥特的这个重要思想,可参考 David Bridges. A Philosopher in the Classroom. Educational Action Research, 2003,11(2): 181 - 196 及 John Elliott. Reflecting Where the Action Is: the Selected Writings of John Elliotton Pedagogy and Action Research[J]. Routledge, 2007:Chapter11 等文献。

⑥ 有关库尔特·勒温创生行动研究的原因、过程及基本观点等内容,

可参考 Clem Adelman. Kurt Lewin and the Origins of Action Research [J]. Educational Action Research, 1993,1(1): 7 - 24.

⑦ 关于 Chuaprapaisilp 教授的基本观点,可参考他 1997 年的论文: Thai Buddhist Philosophy and the Action Research Process[J]. Educational Action Research, 1997,5(2): 331 - 336.